07

GGD
SCH

In der gleichen Reihe erschienen:

Modernes Sozialmarketing
ISBN 3-8029-7432-8

Betriebswirtschaft für Sozialarbeiter und Sozialpädagogen
ISBN 3-8029-7431-X

Kontraktmanagement
ISBN 3-8029-7429-8

Erfolgreiches Fundraising mit Direct mail
ISBN 3-8029-7425-5

Management in sozialen Organisationen
ISBN 3-8029-7443-3

Praxis sozialer Arbeit: Familie im Mittelpunkt
ISBN 3-8029-7465-4

Jugendhilfe in Strafverfahren Jugendgerichtshilfe
ISBN 3-8029-7445-X

Finanzierungs-Handbuch für Non-Profit-Organisationen
ISBN 3-8029-7435-2

Kindschaftsrechtsreform
ISBN 3-8029-7427-1

Leistungsbezogene Entgeltsysteme
ISBN 3-8029-7426-3

Eingruppierungsrecht Arbeiterwohlfahrt
ISBN 3-8029-1531-3

Eingruppierungsrecht Pflegepersonal
ISBN 3-8029-1535-6

Eingruppierungsrecht Sozial- und Erziehungsdienst
ISBN 3-8029-1540-2

BAT-Jahrbuch Bund/Länder
ISBN 3-8029-7976-1

BAT-Jahrbuch kommunaler Bereich
ISBN 3-8029-7956-7

Wir freuen uns über Ihr Interesse an diesem Buch. Gerne stellen wir Ihnen kostenlos zusätzliche Informationen zu diesem Programmsegment zur Verfügung.

Bitte sprechen Sie uns an:
E-Mail: walhalla@walhalla.de
http://www.walhalla.de

Walhalla Fachverlag · Haus an der Eisernen Brücke · 93059 Regensburg
Telefon (0941) 5 68 40 · Telefax (0941) 56 84 111

ANGELA SCHEIBE-JAEGER

EXISTENZGRÜNDUNG IN DER SOZIALEN ARBEIT

✓ Persönlichkeits-Check
✓ Richtig vorgehen – Schritt für Schritt
✓ Marktnischen – Marktchancen

Die Deutsche Bibliothek – CIP-Einheitsaufnahme

Scheibe-Jaeger, Angela:
Existenzgründung in der sozialen Arbeit : Persönlichkeits-Check, richtig vorgehen, Schritt für Schritt, Marktnischen, Marktchancen / Angela Scheibe-Jaeger. – Regensburg ; Bonn : Walhalla-Fachverl., 1999
  (Soziales)
  ISBN 3-8029-7428-X

Zitiervorschlag:
Angela Scheibe-Jaeger, Existenzgründung in der Sozialen Arbeit, Regensburg, Bonn 1999

Hinweis: Unsere Werke sind stets bemüht, Sie nach bestem Wissen zu informieren. Die vorliegende Ausgabe beruht auf dem Stand von April 1999. Verbindliche Auskünfte holen Sie gegebenenfalls bei Ihrem Steuerberater oder Rechtsanwalt ein.

© Walhalla u. Praetoria Verlag GmbH & Co. KG, Regensburg/Bonn
Alle Rechte, insbesondere das Recht der Vervielfältigung und Verbreitung sowie der Übersetzung, vorbehalten. Kein Teil des Werkes darf in irgendeiner Form (durch Fotokopie, Datentransfer oder ein anderes Verfahren) ohne schriftliche Genehmigung des Verlages reproduziert oder unter Verwendung elektronischer Systeme gespeichert, verarbeitet, vervielfältigt oder verbreitet werden.
Produktion: Walhalla Fachverlag, 93042 Regensburg
Umschlaggestaltung: Gruber + König, Augsburg
Druck und Bindung: Westermann Druck Zwickau GmbH
Printed in Germany
ISBN 3-8029-7428-X

Nutzen Sie das Inhaltsmenü:
Die Schnellübersicht führt Sie zu Ihrem Thema.
Die Kapitelüberschriften führen Sie zur Lösung.

Vorwort 7

Zukunftsaussichten, Marktchancen, Verdienstmöglichkeiten 9

Was Sie in diesem Buch interessieren wird 15

1. Gezielt vorbereiten 19

2. Gründungsidee souverän präsentieren 63

3. Kapitaleinsatz und Fördermittel richtig planen 79

4. Überzeugendes Unternehmenskonzept „auf die Beine stellen" 99

5. Marketing: Erfolgreich Kunden gewinnen 107

Schnellübersicht

Schnellübersicht

6. Organisations- und Rechtsformen, Kooperationen: Was ist das Beste? . 127

7. Check-up: Wissenswertes & Co. 149

8. Nützliche Adressen, Messen und Veranstaltungen 159

Lockruf der Freiheit? 163

Weiterführende Literaturhinweise 170

Stichwortverzeichnis 174

Vorwort

Vor dem Hintergrund der gravierenden strukturellen Veränderungen am Arbeitsmarkt und dem daraus resultierenden Abbau von Arbeitsplätzen hat das Thema Existenzgründungen in den letzten Jahren erheblich an Bedeutung gewonnen. Zwar liegt der Anteil der Selbständigen in Deutschland – im internationalen Vergleich – noch in der unteren Hälfte, doch der Trend zur beruflichen Selbständigkeit als Alternative zur abhängigen Beschäftigung oder auch um eine bestehende Arbeitslosigkeit zu beenden, nimmt deutlich zu.

Gleichzeitig steigt aber auch die Zahl der gescheiterten Unternehmensgründungen. Dies kann nur bedingt auf fehlende Qualifikationen zurückgeführt werden. Häufig liegen die Ursachen in Informationsdefiziten, in Planungs- und Finanzierungsmängeln. Der Abbau dieser Defizite vor dem Start in die Selbständigkeit verbessert die Erfolgsaussichten erheblich, wie viele einschlägige Untersuchungen zeigen.

Das Streben nach Unabhängigkeit, die berufliche Selbstverwirklichung, der Anreiz eines höheren Einkommens und nicht zuletzt die fehlenden Perspektiven auf dem aktuellen Arbeitsmarkt fördern die Kreativität und Flexibilität zahlreicher Menschen, die ihre Kenntnisse und Qualifikationen einsetzen und Marktnischen vor allem im Dienstleistungsbereich erkennen und für sich nutzen wollen. Chancen und Risiken der Selbständigkeit liegen eng beieinander.

Die Anforderungen an die persönlichen und fachlichen Fähigkeiten sind sehr hoch. Dies wird von vielen GründerInnen unterschätzt. Gerade der Personenkreis der Sozialpädagogen und Sozialarbeiter neigt gerne dazu, unternehmerisches Profil ausschließlich auf die sozialen Kompetenzen zu reduzieren. Hinzu kommt, daß an den deutschen Bildungseinrichtungen kaum Handlungs- und Entscheidungskompetenzen vermittelt werden, so daß die Selbständigkeit während des Studiums noch nicht als Perspektive erkannt wird. Eigenverantwortung wird nicht als Wert entdeckt. Der Soziologe Helmut Schelsky bezeichnete dies als „schleichende Verunselbständigung" und beklagte die zunehmende Unmündigkeit und Versorgungsmentalität der Gesellschaft.

Vorwort

Immer noch bleibt für die meisten Sozialpädagogen und Sozialarbeiter das „Traumziel" eine Anstellung im öffentlichen Dienst oder bei großen Wohlfahrtsverbänden. Dabei kann die Selbständigkeit für Absolventen aller Studiengänge eine interessante Berufsperspektive sein.

Jede Unternehmensgründung erfordert selbstverständlich eine sorgfältige Planung und Vorbereitung. Nur so kann eine angemessene Entscheidungsgrundlage für oder gegen die Aufnahme der selbständigen Tätigkeit geschaffen werden. Auf eine fundierte und professionelle Beratung sollte dabei nicht verzichtet werden.

Entscheidungsfreude, Eigenmotivation, Ausdauer, Durchsetzungsvermögen, Kommunikationsfähigkeit und nicht zuletzt eine hohe Frustrationstoleranz sind die wichtigsten persönlichen Voraussetzungen, die GründerInnen mitbringen müssen. Zur konkreten Umsetzung der Geschäftsidee ist zudem die Erstellung eines schriftlichen Konzepts ebenso Voraussetzung wie ein intaktes soziales Umfeld und eine solide materielle Ausgangslage. Die Gesamtheit dieser Faktoren garantiert zwar nicht den sofortigen unternehmerischen Erfolg, stellt aber ein Fundament dar, auf dem sich eine berufliche Zukunft aufbauen läßt.

Ich wünsche allen Leserinnen und Lesern viel Glück und Erfolg!

Hermann Steindl
Geschäftsführer des Büros
für Existenzgründungen (BfE)
im Arbeitsamt München

Zukunftsaussichten, Marktchancen, Verdienstmöglichkeiten

Der Strukturwandel der Arbeitswelt geht auch an der Sozialen Arbeit nicht spurlos vorüber. Die gesellschaftlichen Umbrüche berühren diesen Bereich in doppelter Hinsicht. Einmal sind auch Sozialpädagogen und Sozialarbeiter vom neuen Gründergeist belebt und streben als freie Unternehmer eine Existenzgründung an. Oder sie sind von Arbeitslosigkeit betroffen und suchen in der beruflichen Selbständigkeit eine Chance. Zum anderen ergeben sich durch die Entwicklungstendenzen von der Industrie- in eine Dienstleistungsgesellschaft neue Herausforderungen für den Bereich der Sozialen Arbeit. In Form von qualifizierten sozialen Dienstleistungsangeboten lassen sich neue Arbeitsfelder entwickeln, die von Selbständigen oder Freiberuflern angeboten werden. Gerade Frauen sind nach Aussagen von Trendforschern mit ihren Schlüssel-Kompetenzen für diesen Wandel gut gerüstet. Beide Faktoren sprechen dafür, daß das Thema Existenzgründung gerade auch für Angehörige des Non-Profit-Bereiches interessante Möglichkeiten aufzeigen kann.

Unternehmerisches Handeln war schon immer die große Möglichkeit, nach eigenen Ideen zu leben und zu arbeiten, größere Freiheit in der Lebensgestaltung zu erlangen und den Erfolg des eigenen Arbeitseinsatzes wieder direkt und ohne Abhängigkeit belohnt zu erhalten.

Ein Blick in die Zukunft

Die Aussichten für eine lebenslange Erwerbsbiographie mit Festanstellung und Aussicht auf eine gesicherte Altersabsicherung sind nicht mehr so rosig wie bisher. In der „Risikogesellschaft" stellt ein geregeltes Arbeitsleben im Angestelltenverhältnis eher ein Auslaufmodell dar.

Besonders für Sozialpädagogen gilt die Devise, sich über Alternativen Gedanken zu machen, denn die öffentlich finanzierten Stellen können aufgrund der Ebbe in den Staatskassen nicht mehr in erhofftem Umfang bereitgestellt werden. Die Verbände der Wohlfahrtspflege als bedeutende Arbeitgeber haben ebenso mit den Auswirkungen fehlender Finanzmittel zu kämpfen wie die freien Träger. Daß sich an der finanziellen Ausstattung viel zum Besseren wendet, ist für die nächsten Jahre nicht abzusehen. Die Aussichten auf eine Dauerstellung oder Möglichkeiten einer großen Auswahl an guten Stellen sind eher verhalten. Hier ist ein Umdenken angesagt.

Neue berufliche Chancen liegen auf alle Fälle in einer freiberuflichen Tätigkeit, die aber gut vorbereitet werden will.

Veränderte Problemlagen

Nach einer Studie der Weltgesundheitsorganisation über die „globale Belastung durch Krankheit und Verletzung" gehören krankhafte Depressionen zu den weltweit wichtigsten Erkrankungen; sie spielen auch in der Dritten Welt eine große Rolle. Bis zum Jahr 2020 werden sie auf Platz zwei stehen. Die Gesundheitssysteme der meisten Staaten sind auf diese Entwicklung nicht vorbereitet.

Gespeist werden diese Vermutungen auch von der gesellschaftlichen Entwicklung in der Bundesrepublik Deutschland. Destruktive Verhaltensweisen (Alkoholkonsum, zerrüttete Familien, Kriminalität, seelische Störungen) und schwere psychische Krankheiten – wie die oben genannten Depressionen – nehmen zu.

So traurig die Entwicklungsaussichten für einzelne Betroffene auch sind: Diese veränderten Problemlagen stellen ein neues Markt-Potential für Angebote der freiberuflichen Sozialen Arbeit dar.

Neue Zielgruppen

Angebote sozialer Dienstleistungen sollten sich nicht auf die Angehörigen von Randgruppen beschränken. Hier ist das soziale Netz in der Bundesrepublik Deutschland gut ausgebaut. Sie wollen bzw. müssen als UnternehmerIn Ihre Leistungen gegen Geld verkaufen und sich nicht von öffentlichen Kassen allzusehr abhängig machen.

Sie sollten ein Augenmerk auf die „Besserverdiener" haben und nicht mehr nur sozial Benachteiligte als Klienten sehen. Auch die Mittelschicht ist zu Geld gekommen, hat aber durch ausgedehntere Berufstätigkeit weniger Zeit zur Verfügung, um Angehörige selbst betreuen zu können.

Einige Kennzeichen, wohin sich unsere Gesellschaft in den nächsten Jahren entwickeln wird:

- Ein Megatrend: Der Anteil der über 60jährigen Verbraucher wird drastisch steigen.
- Behinderte werden alt und haben auch Geld, doch Einrichtungen nehmen darauf noch zu wenig Rücksicht.
- Alte und Behinderte haben ein zunehmendes Interesse daran, am Leben teilzuhaben; Angebote für sie sind aber rar.
- Die Anzahl der Mittelschicht-Jugendlichen mit Problemen nimmt zu, entsprechende Betreuungseinrichtungen gibt es noch wenig.

Dienstleistungen im Trend

Generell liegen Dienstleistungen verstärkt im Trend, besonders bei qualifizierten und hochwertigen Angeboten liegen Zukunftschancen für alle Freiberufler und Selbständigen.

Auch der Sozialbereich kann davon profitieren. Die Erfolge freiberuflicher Anbieter Sozialer Arbeit dürften daher zunehmen, wenn die Angebote sich nach dem „Markt", d.h. den Bedürfnissen der Kunden ausrichtet.

Marktchancen auf dem Sozialsektor

Nach diesen Trends sehen die Zukunftsaussichten günstig für diejenigen aus, die sich innovativ den neuen Herausforderungen stellen. Es ist allerdings wichtig, daß auch die Sozialpädagogen sowie die anderen Vertreter des gemeinnützigen Bereiches Trends für ihre Zukunftssicherung erfassen und auf veränderte Problemlagen der Bevölkerung mit neuen Konzepten reagieren. Neue Prioritäten entstehen, neue Gesetze schaffen andere Handlungsmöglichkeiten. Hier liegen die Chancen für Berufsfelder selbständiger Sozialer Arbeit. Ein anschauliches Beispiel hierfür sind die freiberuflichen (Berufs-)Betreuer, denen das veränderte Betreuungsgesetz neue Arbeitsmöglichkeiten geschaffen hat. Ähnliches gilt für den neuen Zweig der Verfahrenspfleger, die sich selbst auch als Interessenvertreter oder Anwalt des Kindes bezeichnen.

Neben den traditionellen Arbeitsfeldern haben sich in den letzten Jahren Einsatzgebiete im außerinstitutionellen Bereich entwickelt, die teilweise auch im Rahmen beruflicher Selbständigkeit angeboten werden können. Dazu gehören:

- Frauenprojekte
- Projekte zur Ausländerintegration
- Migrationssozialarbeit
- Selbsthilfegruppen
- Sozialmanagement
- allgemeine psycho-soziale Versorgung

Neue zukunftsträchtige Handlungsfelder können sich auch durch veränderte Organisationsformen, etwa das „Outsourcing", also das Auslagern öffentlicher Aufgaben in eigenständige Dienstleistungsbetriebe und/oder durch Privatisierung im Rahmen des Subsidiaritätsprinzips ergeben. Immer mehr werden gerade in der Jugendarbeit Aufträge auf freiberuflicher Basis an Honorarkräfte vergeben, beispielsweise zur Regelung des Umgangs oder für Aufgaben der Erziehungsberatung.

Die Risiken sollten aber nicht minder beachtet werden: Einerseits ist neben Eigenverantwortung, Kreativität und Ideenreichtum die ganze Palette der unternehmerischen Grundbedingungen angesagt, die Sozialschaffenden noch nicht ganz geläufig ist, um für die Selbständigkeit gewappnet zu sein. Zum anderen hält sich die Palette der Möglichkeiten, Soziale Arbeit in freiem Unternehmertum anzubieten, in Grenzen. Nach Unterlagen des Arbeitsamtes haben im sozialen Bereich lediglich 1,5 % den beruflichen Status als Selbständige. Im artverwandten nichtärztlichen Gesundheitsbereich gibt es knapp 4 % Selbständige. Die Trends sprechen aber für gute Aussichten – wenn Sie sich gut vorbereiten. Sie wissen ja: Erfolg ist, wenn Vorbereitung auf Chance trifft.

Verdienstmöglichkeiten

Im Gegensatz zu einer Festanstellung, die auf den BAT-Tarifen basiert, lassen sich die freiberuflichen Verdienstmöglichkeiten nur schlecht voraussagen. Sie unterliegen dem unternehmerischen Risiko und hängen einerseits von den eigenen Fähigkeiten ab, auf dem freien Markt lukrative Aufträge zu ergattern, ausreichend Kunden zu gewinnen, Preisvorstellungen beim Kunden durchzusetzen oder mit kommunalen Auftraggebern ausreichend Leistungsverträge abschließen oder Ausschreibungen gewinnen zu können.

Auf der anderen Seite wird die Höhe Ihres Einkommens aber ganz maßgeblich von der allgemeinen Konjunktur, der speziellen Marktlage, der Anzahl der gesetzlichen Stunden oder der Höhe der Pflegesätze, den Konkurrenzaktivitäten und den wirtschaftlichen Zukunftserwartungen bestimmt. Dies sind Größen, die von Ihnen nur relativ wenig beeinflußt werden können.

Beispielsweise erhält ein „bestallter" Berufsbetreuer seit 1.1.1999 einen Stundensatz von derzeit 61 DM aus der Staatskasse. Bei vermögenden Klienten liegt der Satz höher (bis zu 88 DM).

Weitere Honorar-Beispiele:

- Supervision bei öffentlichen Trägern: 60 min = 100 DM
- Supervision privat: 60/90 min = 70/90 DM
- Dozentenhonorar in der Erwachsenenbildung: 60 min = 35–50 DM
- Therapiestunde: 60 min = 100 DM
- Beratung im Pflegebereich: 60 min = 120 DM.

Zukunftsaussichten und Marktchancen

Zum „sanften Einstieg" in den Ausstieg: Versuchen Sie, so lange wie möglich eine Teilzeit-Festanstellung zu behalten, um beispielsweise Versicherungsbeiträge zu sparen, ein berechenbares Einkommen zu beziehen und Ihre Chancen auf dem freien Markt besser abchecken zu können. Beachten Sie zudem, was in Ihrem Arbeitsvertrag bezüglich Nebentätigkeiten steht!

Fangen Sie schon frühzeitig an, potentielle Kunden an sich zu binden, um sie sozusagen als Anfangskapital in Ihr eigenes Unternehmen mitzunehmen.

Oder Sie üben die Tätigkeit, die Sie bisher im festen Angestelltenverhältnis ausgeübt haben, freiberuflich aus, wobei der frühere Arbeitgeber durch Auslagern der Aufgaben Ihre Grundaufträge sichert, die Sie dann beliebig ausweiten können.

Sie sollten sich über Ihre Motive im klaren sein, die Sie zur Existenzgründung bewegen. Es ist wichtig zu wissen, warum man was tut!

Hinweis:

Aus Gründen der besseren Lesbarkeit wurde auf Doppelbezeichnung, wie Sozialarbeiterinnen und Sozialarbeiter, verzichtet.

Was Sie in diesem Buch interessieren wird

Dieses Buch hilft Ihnen, sich eingehend mit den Phasen der Existenzgründung und Existenzsicherung zu beschäftigen und alle möglichen Aspekte eines wohlüberlegten Schrittes in die Selbständigkeit zu beleuchten. Sie werden in Ihrem Wunsch nach neuen Perspektiven der Berufstätigkeit mit einer breit angelegten Palette praktischer Informationen unterstützt. Sie erhalten auch durch zahlreiche Tests die Gelegenheit, Ihr Unternehmerprofil kritisch zu erarbeiten und sich selbst „auf Herz und Nieren" zu prüfen.

Persönliche und fachliche Eignung überprüfen

Sie werden ausführlich Gelegenheit erhalten zur Selbsterfahrung und Selbstprüfung, wie sie als „reflexive Kompetenz" der Sozialpädagogen gefragt ist: Eigene Stärken und Schwächen erkennen und konsequent diese Erkenntnis in Unterstreichung der positiven Elemente im Leistungsprofil, beispielsweise als „Besonderheit des Hauses" oder Abbau der Schwachstellen durch „Selbstempowerment" umzusetzen. Diese Themen sind sicherlich für Sozialpädagogen und Sozialarbeiterinnen besonders wichtig, hatten doch die wenigsten bei der Studienwahl geplant, sich einmal beruflich selbständig zu machen und UnternehmerIn zu werden.

Handlungskompetenz erweitern

Zur Erweiterung Ihrer Fachkompetenz erhalten Sie eine größere Sachkenntnis, die zu einem besseren Verständnis für wirtschaftliche Erfordernisse und einem positiven Ergebnis Ihrer Vorhaben als Selbständige oder Freiberufler führen soll. Sie lernen das gesamte Rüstzeug, das zum Themenkreis der Existenzgründung gehört gründlich kennen und sind damit bestens gerüstet für weiterführende, tiefergehende Beratungen zu Spezialproblemen, Finanzgesprächen oder Kooperationsverhandlungen.

Sie erhalten zudem wichtige Informationen, um Ihre eigene Handlungskompetenz als „Sozialschaffender" um Gründungsqualifikationen zu erweitern. Es wird der Frage nachgegangen, inwieweit Sozialpädagogen sich als Unternehmer, Sozialarbeiter sich als Freiberufler eignen, und Sie werden angeregt, Ihre eigene Wertvorstellung zu klären sowie die Vorteile und Nachteile einer selbständigen Tätigkeit abzuwägen.

Auf einen Blick

Die folgende Übersicht soll Ihnen den Weg zu den Fragen, die Sie besonders interessieren, erleichtern.

Was Sie besonders interessiert	Seite
• Was gehört zum Persönlichkeitsprofil des selbständigen Unternehmers?	21 ff.
• Welche persönlichen Voraussetzungen, insbesondere Stärken, muß man mitbringen?	23 ff.
• Muß man ein Gewerbe anmelden?	128 ff.
• Welche Geschäftsideen in der Sozialen Arbeit versprechen Erfolg?	75 ff.
• Wie sollte die Gründungsidee präsentiert werden?	67 ff.
• Wie überzeugend muß das Unternehmenskonzept sein, um Finanzhilfen zu erlangen?	103 ff.
• Welche Fakten gehören zum Selbstporträt der Gründerperson?	21 ff.
• Wie sollte Ihr Dienstleistungs-Angebot aussehen?	117 ff.
• Was ist die beste Preispolitik?	118 ff.
• Mit welcher Werbemethode kommen Sie erfolgreich an Kunden?	108 ff.
• Was ist der Unterschied zwischen selbständig und freiberuflich?	128 ff.

• Welche Rechts- bzw. Gesellschaftsform ist die geeignetste?	127 ff.
• Was sollte insbesondere bei Betriebsübernahme oder Kooperation beachtet werden?	140 ff.
• Welche Möglichkeiten des Franchising existieren?	146 ff.
• Welcher Finanzbedarf, Investitionen und Kosten kommen auf einen zu?	80 ff.
• Wie erhält man aus dem großen Topf „Fördermittel" Unterstützung?	91 ff.
• Welche Gründungsfehler sollten vermieden werden?	52 ff.

Gezielt vorbereiten

1. Haben Sie unternehmerische Fähigkeiten? 20

2. Selbstreflexion: Lernen Sie Ihre Stärken kennen 26

3. Ihr Persönlichkeitsmanagement 45

4. Ihre Selbstdarstellung: berufliche Daten ... 48

5. Checkliste: Typische Fehler von Existenzgründern 52

6. Checkliste: Erfolgsfaktoren bei der Existenzgründung 54

7. Schnell-Check: Optimaler Start in die Selbständigkeit 56

8. Besonderheiten „sozialpädagogischer Gründungen" 60

1. Haben Sie unternehmerische Fähigkeiten?

Grundwerte des Lebens			
Eine wichtige Frage ist, nach welchen Grundwerten Sie Ihr Leben orientieren: Was ist Ihnen wichtig, was weniger, worauf legen Sie keinen Wert? Dadurch erhalten Sie Aufschluß über Ihre berufliche Zukunft, die Sie mit einer Existenzgründung bestimmen wollen.			
	wichtig	weniger wichtig	unwichtig
Entscheidungsfreiheit	❏	❏	❏
Einkommen	❏	❏	❏
Familie	❏	❏	❏
Sicherheit	❏	❏	❏
Anerkennung	❏	❏	❏
Wohnort	❏	❏	❏
Risiko	❏	❏	❏
Prestige	❏	❏	❏
Freizeit	❏	❏	❏

Im zweiten Schritt sollten Sie klären, was Ihrer Ansicht nach eine Unternehmer-Persönlichkeit ausmacht, wie Sie einen selbständigen Unternehmer einschätzen, welches Bild Sie sich von einem Freiberufler machen, welches Image ein Existenzgründer für Sie hat.

Ihre persönlichen Vorstellungen vom „selbständigen Unternehmer" sind wichtig, um zu erkennen, welche Eigenschaften, Stärken und Schwächen ein Selbständiger in Ihren Augen hat, welches Bild Ihnen von „dem Freiberufler" vor Augen schwebt, welche „Eigenarten" Sie mit einem Unternehmer assoziieren.

1. Haben Sie unternehmerische Fähigkeiten?

Das Persönlichkeitsprofil des selbständigen Unternehmers

Stellen Sie einmal in einer ruhigen Minute die Eigenschaften zusammen, die Sie einer(m) Selbständigen als Unternehmer zuschreiben. Gehen Sie dazu die folgende Liste durch und ergänzen Sie eventuell die Aufzählung mit Attributen, die nicht aufgeführt sind. Dadurch erhalten Sie eine Palette von Eigenschaften, die für Sie persönlich die typischen Existenzgründer charakterisieren.

Checkliste

Kreuzen Sie die Eigenschaften an, die Ihrer Meinung nach Unternehmer kennzeichnen.

- ❏ leistungsorientiert
- ❏ aktiv
- ❏ überlegt
- ❏ risikofreudig
- ❏ selbstsicher
- ❏ finanziell für eventuelle Durststrecken gepolstert
- ❏ zielstrebig
- ❏ konzentriert
- ❏ erfolgsorientiert
- ❏ Ellenbogenmentalität
- ❏ zukunftsorientiert
- ❏ unabhängig
- ❏ Glücksritter
- ❏ Gewinnertyp
- ❏ forsch
- ❏ mutig
- ❏ erfolgreich
- ❏ schnell reagierend
- ❏ neugierig
- ❏ zuversichtlich
- ❏ optimistisch
- ❏ selbständig handelnd
- ❏ innovativ
- ❏ genau
- ❏ lernfähig
- ❏ interessiert
- ❏ gewinnorientiert
- ❏ vorausplanend
- ❏ spontan
- ❏ wirtschaftlich kompetent
- ❏ rigoros
- ❏ kommunikativ
- ❏ selbstsüchtig
- ❏ ....
- ❏ ....
- ❏ ....

1. Gezielt vorbereiten

Nach dieser allgemeinen Einschätzung des selbständigen Unternehmers erhalten Sie Gelegenheit, sich selbst unter die Lupe zu nehmen.

- Bewahren Sie bitte diese Checkliste in einer eigenen Mappe auf, denn Sie sollten Ihre Ideen an einem Ort sammeln.
- Gehen Sie die Listen mehrmals durch, denn Ihre Beurteilung unterliegt auch momentanen Stimmungen.
- Diese und die folgenden Unterlagen sollten Ihnen zur „Selbstevaluation" dienen, der Sie sich von Zeit zu Zeit unterziehen sollten.

Warum diese Eigenschaften notwendig sind

Es geht bei der Unternehmensplanung und -führung nicht nur darum beispielsweise kalkulieren, knallhart verkaufen, Produkte herstellen oder Marketing betreiben zu können. Vielmehr kommt es entscheidend auf Eigenschaften an, die in der Persönlichkeit der Existenzgründers liegen.

Um Ihnen eindringlich darzustellen, welchen Anteil die Persönlichkeitsstruktur des Gründers oder der Jungunternehmerin am unternehmerischen Erfolg hat, wird ausführlich auf die Grundvoraussetzungen der Persönlichkeitsstruktur eingegangen. Ganz bewußt sollen Ihnen an erster Stelle die persönlichen Merkmale, also die „weichen" Faktoren dargelegt werden, die den unternehmerischen Erfolg einer Gründerperson entscheidend beeinflussen. Ganz besondere Bedeutung kommt diesen natürlich im Bereich sozialer Angebote zu, denn hier geht es meist um die Erbringung von Dienstleistungen am Menschen mit hohem Interaktionsanteil.

Bei den folgenden Erläuterungen wird der Schwerpunkt auf die weichen Faktoren gelegt. Darauf folgt die Ergebnisorientierung anhand der Behandlung von „harten" Erfolgsmerkmalen, die sich eher auf betriebswirtschaftliche Kompetenzen beziehen.

1. Haben Sie unternehmerische Fähigkeiten?

„Weiche" Faktoren: persönliche Voraussetzungen

Folgende persönliche Eigenschaften und Voraussetzungen bestimmen, natürlich in Kombination mit Kompetenz und Fachwissen, maßgeblich den Erfolg eines Unternehmers oder Existenzgründers.

> Unternehmergeist heißt Bereitschaft und Leistung erbringen sowie Mut zu Fehlern beweisen.

Richtige Einstellung

Unternehmerischer Erfolg beruht nicht nur auf der zündenden Idee und der gelungenen Suche nach der Lücke im Markt. Er ist vielmehr das Ergebnis von viel Fleiß, systematischer Arbeit und dem festen Glauben an sich selbst.

Die richtige Einstellung, totaler Arbeitseinsatz und die Fähigkeit, mit sich selbst erfolgversprechend umzugehen und positiv zu denken, machen die Persönlichkeit eines Unternehmers aus.

Es sind somit nicht die Umstände, sondern die Einstellungen, die uns zu schaffen machen. Denn selbständig arbeiten, heißt „selbst ständig arbeiten". „Freizeitorientierte Schonhaltung" ist nicht angesagt, vielmehr ein Abschiednehmen von geregelten und überschaubaren Arbeitszeiten, von regelmäßigen und gesicherten Einkünften, von Urlaub, freien Wochenenden und langem Feierabend. Gerade der notwendige Verzicht auf Freizeit – zumindest in der Startphase – wird oftmals unterschätzt.

Gesundheit

Körperliche und geistige Fitness ist eine Grundvoraussetzung für die Selbständigkeit. Lassen Sie sich deshalb gründlich vom Arzt durchchecken, ob Sie körperlich belastbar sind.

Psychische Stabilität ist nicht minder notwendig, denn es kommen einige Belastungen auf Sie zu, bis „der Laden läuft". Rechnen Sie mit hoher Streßbelastung, die so schnell nicht vorüber sein wird. Auf den anstrengenden Start folgt der unter Umständen lebenslange „Kampf ums Überleben" mit großer Verantwortung für sich, Ihre Angehörigen und eventuelle Mitarbeiter, aber auch nicht zuletzt für Ihre Kunden und Partner. Trainieren Sie Konzentration und Entspannungsfähigkeit, Sie werden ein gutes „Streßmanagement" brauchen!

Überdurchschnittliches Engagement und Leistungsorientierung

Leistungswille und Lernbereitschaft sollten sehr stark ausgeprägt sein, besonders in der schwierigen Anlaufphase. Gefordert ist ein überdurchschnittliches Engagement! Dazu wird es notwendig sein, sich ständig die neuesten Kenntnisse anzueignen. Lebenslanges Lernen ist gerade bei den Selbständigen angesagt, die immer auf dem Laufenden sein müssen, um konkurrenzfähig zu bleiben.

Selbständig arbeiten heißt auch, als Eigentümer des Unternehmens auf eigenes Risiko und in eigener Verantwortung zu handeln. Risiko und Verantwortung sind die Schlüsselbegriffe, über die sich eine JungunternehmerIn im klaren sein muß.

> Ohne Risikobereitschaft kann man kein Unternehmen gründen und führen!

Entscheidungsfreude und -fähigkeit

Entscheidungsfreude und -fähigkeit sind wichtige Eigenschaften, denn jeder Selbständige muß schnell entscheiden können. Ein Unternehmer muß ein Mensch der Tat sein, kein „Geschehenlasser". Er muß lieber aktiv agieren als passiv reagieren. Dazu braucht er neben Entscheidungsfreude auch die Fähigkeit, schnell eine Situation zu erfassen, zielsicher zu überlegen und entsprechend zu handeln. Eine rasche Auffassungsgabe, aber auch die Fähigkeit, sich bei Rückschlägen nicht entmutigen zu lassen.

Soziale Kompetenz und Kommunikationsfreude

Soziale Kompetenz und Kommunikationsfreude, auch die Freude am Umgang mit Menschen, sollten eine Stärke von Angehörigen des Sozialbereiches sein. Dazu gehören auch aktives Zu-

1. Haben Sie unternehmerische Fähigkeiten?

hören, das Eingehen auf den anderen, Empfängerorientierung, Konfliktfähigkeit und Menschenkenntnis.

> Zeigen Sie Kommunikationsfreude auch dann, wenn Sie Öffentlichkeitsarbeit in eigener Sache betreiben. Denn gute Arbeit verkauft sich nicht von selbst!

Organisationstalent und Informationsmanagement

Organisationstalent, Improvisationsgabe, Kreativität und Ideenreichtum sollte ein erfolgreicher Unternehmer mitbringen. Denken Sie daran: Gerade in der Startphase sind Sie auf Ihr eigenes Organisationstalent angewiesen und können auf keinen großen „Stab" zurückgreifen.

Auch Ihr Talent zum Informationsmanagement werden Sie unter Beweis stellen müssen, um alle möglichen angebotenen Informationen und Beratungsmöglichkeiten in Erfahrung bringen und nutzen zu können.

Durchsetzungsvermögen und Kompromißfähigkeit

Leistungswille sollte gepaart sein mit der Fähigkeit, sich in zähen Verhandlungen durch Beharrlichkeit und die besseren Argumente – auch durch Kompromißfähigkeit – durchzusetzen.

Fachkenntnisse und Fachkompetenz

Einschlägige Fachkenntnisse und umfassende Fachkompetenz sollte man möglichst bereits unter Beweis gestellt haben, denn die Dokumentation einschlägiger Berufserfahrungen und Referenzen ist gerade in der Startphase wichtig (siehe Seite 38). Später ist die positive Mundpropaganda ein wichtiges Werbemittel!

Das persönliche Umfeld

Kein Selbständiger kann auf Dauer erfolgreich sein, wenn das persönliche Umfeld nicht stimmt. Die Angehörigen müssen hinter ihm stehen und Kraft und Durchhaltevermögen spenden.

1. Gezielt vorbereiten

> Wichtig sind Menschen, die dem Gründer oder der Jungunternehmerin den Rücken für die kreative Arbeit freihalten.

Checkliste: „Weiche" Faktoren

Kreuzen Sie die Faktoren an, die Sie als persönliche Voraussetzung bereits mitbringen.
- ❑ richtige Einstellung
- ❑ Gesundheit
- ❑ überdurchschnittliches Engagement und Leistungsorientierung
- ❑ Entscheidungsfreude und -fähigkeit
- ❑ Soziale Kompetenz und Kommunikationsfreude
- ❑ Organisationstalent und Informationsmanagement
- ❑ Durchsetzungsvermögen und Kompromißfähigkeit
- ❑ Fachkenntnisse und Fachkompetenz
- ❑ Persönliches Umfeld

„Harte" Faktoren: betriebswirtschaftliche Qualifikationen

Zu den „harten" und extern bedingten Faktoren gehören Marketing, Kostenrechnung, Wahl der Rechtsform, Organisationsstruktur und Kooperations-Partnerschaften. Diese Punkte werden im Business-Plan ausführlich dargestellt (siehe Seite 100 ff.).

Zuvor erhalten Sie die Gelegenheit, sich selbstkritisch mit Ihren eigenen Stärken und Schwächen auseinanderzusetzen und sich auf Ihre persönliche Eignung zum freien Unternehmer eingehend zu prüfen.

2. Selbstreflexion: Lernen Sie Ihre Stärken kennen

Angesichts des Gründerbooms, der einen leicht mitreißen und dann umreißen kann, ist es unumgänglich, daß Sie sich zunächst einmal selbst kritisch prüfen und Ihre persönlichen Eigenschaften mit allen Stärken und Schwächen kennenlernen.

2. Selbstreflexion

Im folgenden Schritt wird es darum gehen, daß Sie selbst Ihre Stärken und Schwächen analysieren sowie Ihre Eignung zum Unternehmer testen.

Selbsttest: Persönliche Stärken-Schwächen-Analyse

Im Selbsttest gehen Sie an die Beantwortung der ganz persönlichen Frage, ob Sie sich selbst als Unternehmer-Typ einschätzen und überprüfen, ob Sie die geforderten Eigenschaften mitbringen. Auf dem Prüfstand dieser Eigentests stehen Ihre persönlichen Voraussetzungen zur Selbständigkeit, die Sie in einer Stärken- und Schwächen-Analyse erkennen sollen.

Grundvoraussetzung für Ihre erfolgreiche Unternehmensgründung ist ein Austesten Ihrer persönlichen und fachlichen Eignung.

Es geht im folgenden Test um die Analyse Ihrer persönlichen Stärken und Schwächen. Sie erhalten die Möglichkeit, mit Hilfe einer langen Liste von menschlichen Eigenschaften, sich selbst als Persönlichkeit – unabhängig von dem Wunsch nach Selbständigkeit – etwas besser kennenzulernen.

Der Test gibt Ihnen Gelegenheit zur „Selbsterkenntnis" als erstem Schritt in die Selbständigkeit. Seien Sie ehrlich gegen sich selbst, denn Ehrlichkeit ist nicht nur oberstes Gebot, sie schützt auch vor herben Enttäuschungen und womöglich größeren finanziellen Verlusten.

Fragen Sie sich zunächst, wer Sie in Ihren eigenen Augen sind, wie Sie Ihre persönlichen Eigenschaften einschätzen. Kreuzen Sie in einer ruhigen Stunde diese Eigenschaften entsprechend Ihrer Selbsteinschätzung aus. Sie erkennen vielleicht Ihre Schwachstellen und werden Mittel und Wege finden, mit ihnen „umzugehen".

Führen Sie diese Stärken-Schwächen-Analyse konsequent durch und halten Sie die Ergebnisse nicht nur schriftlich fest, sondern bewahren Sie die Unterlagen gut auf.

Versuchen Sie, nicht nur an den Schwächen zu arbeiten, sondern bauen Sie Ihre Stärken konsequent aus. Manche Schwachstellen lassen sich auch durch geeignete Partnerschaften kompensieren!

Stärken stärken schwächt Schwächen.

1. Gezielt vorbereiten

Persönliche Stärken-Schwächen-Analyse				
Eigenschaften	**gar nicht**	**etwas**	**mittel**	**stark**
sympathisch				
hartnäckig				
vertrauenswürdig				
entscheidungsfreudig				
vorsichtig				
spontan				
lernbereit				
praktisch				
lernfähig				
beherrscht				
vertrauensvoll				
risikobereit				
leistungsorientiert				
selbstsicher				
wählerisch				
präzise				
sorgfältig				
sensibel				
aufgeschlossen				
selbständig				
ordentlich				
intrigant				
unberechenbar				
willensstark				
begeisterungsfähig				

(Fortsetzung auf nächster Seite)

2. Selbstreflexion

Eigenschaften	gar nicht	etwas	mittel	stark
gütig				
schwermütig				
unparteiisch				
loyal				
gelassen				
nervös				
integrationsfähig				
ehrlich				
einfühlsam				
belastbar				
offen				
ausdauernd				
willensstark				
zufrieden				
aggressiv				
hilfsbereit				
leicht gekränkt				
gefühlsbetont				
kooperativ				
anspruchsvoll				
präzise				
konservativ				
humorvoll				
durchsetzungsfähig				
furchtsam				
höflich				
fordernd				

(Fortsetzung auf nächster Seite)

1. Gezielt vorbereiten

Eigenschaften	gar nicht	etwas	mittel	stark
gründlich				
introvertiert				
erfinderisch				
konformistisch				
dominant				
zurückgezogen				
mißtrauisch				
rechthaberisch				
selbstkritisch				
ordnungsliebend				
herzlich				
ruhig				
gerecht				
kompromißbereit				
glücklich				
tolerant				
verläßlich				
zuhörbereit				
wankelmütig				
kommunikationsfähig				
zielstrebig				
leidenschaftlich				
geduldig				
unkompliziert				
fortschrittlich				
gehemmt				
vital				

(Fortsetzung auf nächster Seite)

2. Selbstreflexion

Eigenschaften	gar nicht	etwas	mittel	stark
vernünftig				
teamfähig				
ausgeglichen				
zuverlässig				
verantwortungsbewußt				
pflichtbewußt				
autoritär				
beliebt				
unerschütterlich				
zweifelnd				
problembewußt				
kompetent				
flexibel				
aktiv				
überzeugungsstark				
zwanghaft				
verständnisvoll				
wagemutig				
kontaktfähig				
verläßlich				
passiv				
gefühlsorientiert				
impulsiv				
besorgt				
sachorientiert				
extrovertiert				
ausgeglichen				

(Fortsetzung auf nächster Seite)

1. Gezielt vorbereiten

Eigenschaften	gar nicht	etwas	mittel	stark
kreativ				
schlagfertig				
selbstbewußt				

Fremdeinschätzung

Kopieren Sie die Liste mehrere Male, ehe Sie sie bearbeiten. So haben Sie Gelegenheit, sie von Ihrem Partner, Freunden oder Familienangehörigen ausfüllen zu lassen. Nach dem Motto „Kritik ist ein Geschenk" sollten Sie ein solches „Fremdbild" annehmen, sofern Sie dieser von Ihnen gewählten Person entsprechende objektive Beurteilungskompetenz zutrauen.

Der Fremdtest soll Ihnen zeigen, wie Außenstehende Ihre Eigenschaften generell und unter dem Aspekt einer zukünftigen Unternehmeraktivität beurteilen. Traut man Ihnen eine erfolgreiche Existenzgründung zu, welche Eigenschaften sehen andere als Ihre Schwachstelle? Nehmen Sie die Beurteilung ernst!

Berufsbezogene Selbsteinschätzung

Mit Hilfe dieser Analyse können Sie sich selbst und Ihre Eigenschaften unter dem beruflichen Aspekt einschätzen und Ihre Stärken und Schwächen, wie sie sich im bisherigen Berufsalltag gezeigt haben, erkennen. Insbesondere sollten Sie mit diesem Test Ihre berufsbezogenen Schwachstellen frühzeitig erkennen, um gezielt an ihnen arbeiten zu können.

Sie erhalten dazu nochmals die Liste mit der umfassenden Aufzählung von Eigenschaften. Überlegen Sie sich jetzt, wie stark oder schwach diese bei Ihnen unter dem beruflichen Aspekt ausgeprägt sind und beurteilen Sie diese Eigenschaften unter dem Gesichtspunkt, wie sich diese Eigenschaften in beruflicher Hinsicht niederschlagen und auswirken.

2. Selbstreflexion

Selbsteinschätzung der beruflichen Eigenschaften

Eigenschaften	gar nicht	etwas	mittel	stark
sympathisch				
hartnäckig				
vertrauenswürdig				
entscheidungsfreudig				
vorsichtig				
spontan				
lernbereit				
praktisch				
lernfähig				
beherrscht				
vertrauensvoll				
risikobereit				
leistungsorientiert				
selbstsicher				
wählerisch				
präzise				
sorgfältig				
sensibel				
aufgeschlossen				
selbständig				
ordentlich				
intrigant				
unberechenbar				
willensstark				
begeisterungfähig				

(Fortsetzung auf nächster Seite)

1. Gezielt vorbereiten

Eigenschaften	gar nicht	etwas	mittel	stark
gütig				
schwermütig				
unparteiisch				
loyal				
gelassen				
nervös				
integrationsfähig				
ehrlich				
einfühlsam				
belastbar				
offen				
ausdauernd				
willensstark				
zufrieden				
aggressiv				
hilfsbereit				
leicht gekränkt				
gefühlsbetont				
kooperativ				
anspruchsvoll				
präzise				
konservativ				
humorvoll				
durchsetzungsfähig				
furchtsam				
höflich				
fordernd				

(Fortsetzung auf nächster Seite)

2. Selbstreflexion

Eigenschaften	gar nicht	etwas	mittel	stark
introvertiert				
erfinderisch				
konformistisch				
dominant				
zurückgezogen				
mißtrauisch				
rechthaberisch				
selbstkritisch				
ordnungsliebend				
herzlich				
ruhig				
gerecht				
kompromißbereit				
glücklich				
tolerant				
verläßlich				
zuhörbereit				
wankelmütig				
kommunikationsfähig				
zielstrebig				
leidenschaftlich				
geduldig				
unkompliziert				
fortschrittlich				
gehemmt				
vital				
freundlich				

(Fortsetzung auf nächster Seite)

1. Gezielt vorbereiten

Eigenschaften	gar nicht	etwas	mittel	stark
vernünftig				
teamfähig				
ausgeglichen				
zuverlässig				
verantwortungsbewußt				
pflichtbewußt				
autoritär				
beliebt				
unerschütterlich				
zweifelnd				
problembewußt				
kompetent				
flexibel				
aktiv				
überzeugungsstark				
zwanghaft				
verständnisvoll				
wagemutig				
kontaktfähig				
verläßlich				
passiv				
gefühlsorientiert				
impulsiv				
besorgt				
sachorientiert				
extrovertiert				
ausgeglichen				

(Fortsetzung auf nächster Seite)

Eigenschaften	gar nicht	etwas	mittel	stark
kreativ				
schlagfertig				
selbstbewußt				

Fremdeinschätzung

Geben Sie diese Liste wieder an eine(n) Vertraute(n), der Ihnen hilft, durch den unverfälschten und kritischen Blick von außen ein besseres Fremdbild zu erhalten.

Nur wenn Ihnen Ihre beruflichen Schwachstellen klar sind, können Sie frühzeitig geeignete Schritte einleiten, um sie abzubauen. Und nur wenn Sie Ihre Stärken kennen, können Sie diese gezielt hervorheben. Wenn Sie sich zusammen mit einem Partner selbständig machen, sollten diese auch unter dem Aspekt der Ergänzung ausgesucht werden.

Das Know-how-Profil

Mit diesem Test können Sie genau erfassen, wie stark ausgeprägt Ihre Fachkenntnisse und Berufserfahrung sind. Sie benötigen diese Übersicht, um eventuell noch an sich arbeiten, sich gezielter nach ausgleichenden Geschäftspartnern umschauen, besonders aber, um sich besser als Gründerperson präsentieren zu können.

Bestandteile des Know-how-Profils

- kaufmännische Kenntnisse
- technische Kenntnisse
- Branchen-Kenntnisse
- Führungserfahrung
- allgemeine Berufspraxis
- sonstige Kenntnisse und Fertigkeiten

1. Gezielt vorbereiten

Anhand der nachfolgenden Check-Liste sollten Sie Ihre Kernkompetenz sorgfältig „herauskristallisieren" und durch Konzentration auf das Wesentliche Ihren Start in die Selbständigkeit aufbauen.

Know-how-Profil				
Berufliche Fähigkeiten	gar nicht	etwas	mittel	stark
Ausbildung als ...				
Spezialkenntnisse in ...				
Berufserfahrung				
bisherige berufliche Aufgabengebiete				
berufliche Kenntnisse				
berufliche Interessen				
Weiterbildungsmaßnahmen in ...				
Veröffentlichungen zu ...				
Vorträge, Lehrtätigkeiten				
Patente				
Lehrtätigkeiten				
Fachgremien (Mitarbeit), Verbände				
Gutachtertätigkeit über ...				
Auslandserfahrung				

Der Eignungs-Check

Selbsterkenntnis ist der erste Weg in eine erfolgreiche Zukunft als FreiberuflerIn. Prüfen Sie deshalb, inwieweit

- die erforderlichen Eigenschaften und Einstellungen bei Ihnen vorhanden sind,
- Sie die Anforderungen an den Gründer, die Gründerin erfüllen,

- Sie etwas Besonderes zu bieten haben, das Sie und Ihre Angebote von der Konkurrenz unterscheidet,
- welche Eigenschaften und Erfolgsfaktoren Sie für den Sprung in eine erfolgreiche Selbständigkeit mitbringen,
- Sie noch an sich arbeiten müssen.

> Sie selbst sind der Schlüssel zum Erfolg, und Ihre gelungene Existenzgründung liegt zuallererst in Ihnen und Ihrer Motivation sowie Qualifikation begründet. Sie ganz allein sollen mit sich in Klausur gehen und in sich hineinhorchen, ob Sie die Grundvoraussetzungen für eine Unternehmerin, einen Unternehmer mitbringen, ob Sie die notwendigen Bedingungen für die Arbeit als FreiberuflerIn erfüllen. Bereits jetzt stellen Sie die entscheidenden Weichen, ob Ihr Traum in Erfüllung gehen kann oder ob er zum Scheitern verurteilt ist.

Aber Ihr Erfolg hängt auch von Ihrem Umfeld, wie der Familie, Freunden, sonstigem sozialem Netzwerk ab. Ihre psychische und physische Belastbarkeit spielen ebenso eine Rolle.

Fragen Sie sich: Sind Sie ausreichend motiviert, die Kosten – nicht nur finanzieller Natur – für eine berufliche Selbständigkeit auf sich zu nehmen? Wollen Sie – und können Sie – sich eine selbständige Existenz aufbauen? Haben Sie das Zeug zum Unternehmertum? Reicht Ihr Gründungselan für die erfolgreiche Umsetzung und nachhaltigen Erfolg?

Der folgende „Härte"-Test soll Ihnen endgültige Klarheit verschaffen, ob Sie den Sprung in die Selbständigkeit wagen oder nach Alternativen wie einer (neuen) Festanstellung suchen sollten. Die Beantwortung erfordert große Ehrlichkeit und gute Selbsteinschätzung.

Nehmen Sie sich am besten ein separates Blatt und halten die Quintessenz Ihrer Überlegungen fest. Das Blatt wandert in die Mappe zu den übrigen Unterlagen, die Sie von Zeit zu Zeit anschauen sollten.

Dieser Test beinhaltet in erster Linie wichtige Grundsatzfragen, die Sie in aller Ruhe allein, aber auch mit Angehörigen Ihres

1. Gezielt vorbereiten

„sozialen Netzwerks" beantworten sollten. Ziehen Sie bitte zur Beantwortung des Tests die Ergebnisse der persönlichen Stärken-Schwächen-Analyse auf Seite 28 ff., der berufsbezogenen Selbsteinschätzung auf Seite 33 ff. und des Know-how-Profils auf Seite 38 heran.

Der „Härte"-Test vor dem Sprung in die Selbständigkeit	
	Meine ehrliche Antwort:
• **Was macht mich selbst zur Unternehmer-Persönlichkeit?**	
Welche der oben aufgeführten Eigenschaften stelle ich an mir selbst fest?	....
Welche nicht?	....
Welche kann und will ich mir noch aneignen?	....
Welche passen gar nicht zu mir?	....
Habe ich mir ein konkretes Ziel gesteckt?	....
Was sind meine Stärken und Kompetenzen?	....
Wo liegen meine Schwächen?	....
Was mache ich gerne?	....

2. Selbstreflexion

Was mache ich gar nicht gerne? ....

Kann ich positiv denken? ....

Traue ich mich, das (sichere) soziale Netz zu verlassen? ....

Reicht mein Selbstvertrauen? ....

Fühle ich mich den Anforderungen gewachsen? ....

Bin ich mir der langen Durststrecke, des Vorlaufes auch wirklich bewußt? ....

Kann und will ich Risiken eingehen? ....

Kann ich zielorientiert arbeiten? ....

Kann ich Prioritäten setzen? ....

Kann ich langfristig denken? ....

Kann ich auf Menschen zugehen und Kontakte knüpfen? ....

Kann ich mich verkaufen und meine Vorzüge anpreisen? ....

Kann ich Chancen erkennen und nutzen? ....

1. Gezielt vorbereiten

Kann ich andere motivieren? ....

Kann ich ein paar Jahre auf Urlaub verzichten? ....

Bin ich bereit zu Überstunden? ....

Halten mich meine Freunde und Bekannten für die Selbständigkeit geeignet? ....

Reichen meine beruflichen Erfahrungen? ....

Genügen meine besonderen Kenntnisse? ....

Wie gehe ich mit Niederlagen um? ....

Wie verkrafte ich Streß? ....

Kann ich mich gut repräsentieren? ....

Welche Ressourcen (finanzielle, organisatorische, äußere Faktoren wie Auftreten etc.) habe ich? ....

Welche fehlen mir? ....

2. Selbstreflexion

- **Wie sieht mein soziales Netzwerk aus?**

  Habe ich ein solches überhaupt?

  Worin besteht es?

  Was sagt mein(e) Partner(in) dazu, wenn ich mich selbständig mache?

  Verkraften es die Kinder/Familienangehörigen/Freunde, wenn ich viel weniger Zeit (und zumindest anfangs auch weniger Geld) für sie übrig habe?

  Helfen sie aktiv mit (in der Gründungsphase/später)?

  Wer kann mich womöglich „supervisionieren"?

- **Wie sehen meine Finanzen aus?**

  Über welche Mittel verfüge ich überhaupt (sofort/später)?

  Welche laufenden Verpflichtungen habe ich jetzt schon?

  Reichen meine Ersparnisse aus, um Investitionen zu ermöglichen?

  Um das Leben zu finanzieren?

  Wer kann mir notfalls aushelfen (Summe!)?

1. Gezielt vorbereiten

- **Welche Konsequenzen muß ich aus den gesammelten Ergebnissen ziehen?**

  Will ich überhaupt Konsequenzen daraus ziehen? ....

  Was sind zu erledigende Aufgaben? ....

  – sofort: ....

  – später: ....

  – nach dem Studium: ....

  – nach einiger Zeit der Praxis: ....

  – schon während des Angestelltendaseins: ....

  – vor Ablauf der Arbeitslosenunterstützung: ....

  Was sollte ich verstärkt unternehmen? ....

  Was soll ich bleiben lassen? ....

  Von was muß ich mich verabschieden? ....

3. Ihr Persönlichkeitsmanagement

Sie befinden sich immer noch in der Phase, in der es um „weiche" Erfolgsfaktoren geht, zu denen maßgeblich die eigene Persönlichkeit und die inneren Einstellungen gehören. Diese Punkte sind wesentliche Voraussetzungen für den Erfolg.

> Das Wichtigste an einer Chance ist der Mensch, der nach ihr sucht.

Grundsätze für erfolgversprechendes Unternehmer-Verhalten

Wenn Sie folgende Grundsätze beherzigen, sind Sie Ihrem Erfolg schon ein Stückchen näher.

Lieber David als Goliath sein!

Die richtige Erfolgsstrategie lautet: Gezielt die vorhandenen Kräfte am wirkungsvollsten und erfolgreichsten einsetzen durch Konzentration auf „den Punkt", d.h. auf die Kernkompetenz zur Problemlösung. Gehen Sie dem „Phänomen des Kernproblems" Ihrer Klientel auf den Grund und lösen Sie es.

Der Erfolg Ihrer Tätigkeit wird maßgeblich davon abhängen, daß Sie diesen Punkt treffen – wie David! Berücksichtigen Sie dabei die subjektive Wahrnehmung des Kunden, das er als Problem sieht, gehen Sie „empfängerzentriert" vor und denken Sie mit dem Kopf Ihres Wunschkunden.

Spaß muß sein!

Stärken Sie Ihre positiven Emotionen, denn Ihre Begeisterung soll anstecken!

Spaß an der Arbeit zu haben und zusätzlich auch noch damit Geld zu verdienen, das ist das eigentliche Ziel, das Sie verfolgen sollten.

1. Gezielt vorbereiten

Sie sollten mit Spaß und Freude bei der Sache sein, die persönliche Grundeinstellung überprüfen und sich selbst motivieren. Unternehmerischer Erfolg wird nicht nur durch fachliches Know-how, sondern ebenso durch Ihre Persönlichkeit, Gefühle und Gedanken, die in Ihr Handeln übergehen, geprägt. Dazu sollte man sein Selbstbild und sein Fremdbild kennen, d.h. wissen, wie Sie sich selbst sehen und wie Sie auf andere wirken.

Wer nicht lächeln kann, der sollte keinen Laden eröffnen!

Das bekannte chinesische Sprichwort zeigt, wie wichtig es ist, seine Kunden zu lieben. Ein freundliches Gesicht machen heißt die Devise!

Das Grundkonzept allein reicht nicht für eine Unternehmensgründung. Wie steht es um Ihre emotionale Fähigkeit, die emotionale Intelligenz und um Ihre soziale Kompetenz?

Kultivieren Sie Ihre Servicetugenden wie Freundlichkeit, korrektes Auftreten, Benimm, Pünktlichkeit und Zuverlässigkeit.

Nicht nur Kundenorientierung, vielmehr Kundenbegeisterung ist angesagt. Dazu sollte man die Selbst- und die Fremdkommunikation, also die eigene Überzeugungs- und Begeisterungsfähigkeit überprüfen. Kommunikation läßt sich üben.

> Wichtig sind Empathie (Einfühlungsvermögen) und Authentizität (Echtheit).

Auch das Menschenbild, das Sie vom Kunden haben, ist wichtig. Er soll nicht der König sein, dem Sie unreflektiert hofieren, sondern steht mit Ihnen als Geschäftspartner auf gleicher Ebene!

Vom Teelicht zum Schweißbrenner

Demonstrieren Sie selbstbewußt, was Sie geleistet haben, stellen Sie Ihr Werk nicht unter den Scheffel!

3. Persönlichkeitsmanagement

Wofür stehen Sie, wie sieht Ihre Persönlichkeit aus, wie sehen Ihre eigenen Erfolge aus, wie sehen Sie diese Erfolge?

Legen Sie Selbstvertrauen an den Tag, es wirkt ansteckend wie gute Laune. Besonders gelten diese Ratschläge für schwierige Verhandlungen, beispielsweise mit Vertretern von Banken oder Kooperationspartnern.

> Strahlen Sie Erfolgsbewußtsein aus, denn Angst ist kein guter Ratgeber bei Verhandlungen. Selbstsicherheit ist gefragt!

Geschäftsidee nicht auf Selbstausbeutung aufbauen

Auch das „Energie-Management" ist Bestandteil der persönlichen Erfolgsstrategie! Gemeint ist damit das Erkennen des Ausmaßes der persönlichen Energien bis hin zur aktiven Streßbewältigung. Bauen Sie Ihre Geschäftsidee nicht auf Selbstausbeutung auf, gehen Sie sorgsam mit Ihren persönlichen Zeit- und Energie-Ressourcen um.

Das berühmt-berüchtigte „Helfersyndrom" der Sozialpädagogen muß gezügelt werden, wenn Sie nicht gleich nach dem Sprung in die Selbständigkeit dem „Burn-out-Syndrom" zum Opfer fallen wollen.

Dabei meint Selbstausbeutung nicht nur die emotionale, psychische und physische Komponente. Auch ein Blick auf die buchhalterische Bilanz sollte hier interessant sein! Seien Sie selbstkritisch, ob sich Ihre Arbeit auch rechnet und ob Sie auf Ihre Kosten kommen!

Seien Sie ein Windhund, kein Dackel!

Wenn Sie sich selbständig machen, reihen Sie sich in einen mehr oder weniger globalisierten Wettbewerb ein. Hart ist er auf jeden Fall und erfordert nicht nur Originalität, Intelligenz, Flexibilität, sondern auch Geschwindigkeit. Da sind Windhunde gefragt, keine Dackel!

Magnetische Visionen entwickeln

Entwickeln Sie Visionen als Ihren eigenen Zukunftsmagneten, formulieren Sie Leitbilder und Ziele für Ihr Vorgehen. Denken Sie positiv und lernen Sie, die berufliche Selbständigkeit als persönliche Chance und Herausforderung zu sehen. Freuen Sie sich ganz bewußt darauf, auf eigenen Füßen zu stehen.

> Erfolg ist, wenn Vorbereitung auf Chance trifft.

4. Ihre Selbstdarstellung: berufliche Daten

Wenn Sie sich nach reiflicher Überlegung entschlossen haben, den Sprung in die Selbständigkeit zu wagen, sollten Sie sich in einem nächsten Schritt als qualifizierte und erfolgversprechende Gründerperson darstellen.

Sie haben die volle Verantwortung und repräsentieren Ihr Unternehmen. Sie müssen es „verkaufen", wenn es um den Erhalt eines Kredits geht, um Kooperationsverhandlungen mit Partnern oder mit Medienvertretern. Sie werden mit all Ihren beruflichen Stärken und Schwächen als UnternehmerIn genau unter die Lupe genommen.

Auch darauf sollten Sie gut vorbereitet sein. Stellen Sie sich zuerst selbst die Frage: Wer bin ich als GründerIn, was kann ich als UnternehmerIn, wie habe ich mein berufliches Können bisher unter Beweis gestellt?

> **Beruflichen Daten zur Gründerperson**
>
> - Lebenslauf
> - Darstellung der Kompetenz
> - bisherige Erfolgsbilanz

Die Selbstdarstellung als berufliche LeistungsträgerIn ist von erheblicher Bedeutung. Denn auf der Grundlage Ihres Lebenslaufes, der Darstellung Ihrer Fähigkeiten sowie der bisherigen beruflichen Erfolge fällen Kreditgeber, Mitarbeiter, Kooperationspartner und/oder potentielle Kunden ihre Entscheidungen.

4. Ihre Selbstdarstellung

Ein Ergebnis des Know-how-Profils und der Darstellung der Erfolgsbilanz kann auch die Erkenntnis sein, daß Sie vielleicht noch mehr Erfahrungen im Angestelltendasein oder durch vorbereitende Tätigkeiten in freier Mitarbeit sammeln sollten, ehe Sie den endgültigen Sprung in die Selbständigkeit wagen.

Ehrlichkeit gegenüber sich selbst erspart herbe Enttäuschungen und kostspieliges Lehrgeld.

Lebenslauf

Ihr Lebenslauf ist eine sehr aussagekräftige Unterlage. Logik und Klarheit des Aufbaus sind entscheidend, die zeitliche Abfolge muß lückenlos ohne Aufwand zu erkennen sein.

Der Lebenslauf muß auf die speziellen Erwartungen des jeweiligen Kunden bzw. Auftraggebers zugeschnitten sein. Aus diesem Grund ist es ratsam, auf diejenigen Qualifikationen hinzuweisen, die hierfür relevant sind. Zudem können wichtige Punkte durch z.B. Fettschrift hervorgehoben werden, was der besseren Orientierung und dem Erkennen von Zusammenhängen dient.

Checkliste: Lebenslauf

- Angaben zur Person
- Studium
- Schwerpunkte in Ihrer Berufsausbildung, Berufspraxis/Fortbildung
- Besondere Kenntnisse, Erfahrungen, Qualifikationen

Achtung:

Die nackte Auflistung des Lebenslaufs bzw. des beruflichen Werdegangs läßt nur wenig Rückschlüsse auf Ihre unternehmerischen Fähigkeiten zu. Wichtig sind Hinweise auf Führungserfahrung, Belastbarkeit, familiäre Unterstützung, aber auch Hinweise auf bisherige Erfolge.

1. Gezielt vorbereiten

Berufliches Qualifikations-Profil

Sie werden immer wieder in die Situation kommen, wo die schriftliche Dokumentation Ihres Qualifikations-Profils – die Darstellung Ihrer Kompetenzen – eine entscheidende Rolle spielt, z.B. bei der Beantragung von Finanzmitteln bei Banken oder aus öffentlichen Fördertöpfen. Gerade bei Kreditverhandlungen kommt die Frage auf, ob Sie mit besonderen Kenntnissen und Erfolgen aufwarten können.

Fachkompetenz darstellen

Die Auflistung Ihres Know-hows (Fachwissen, Fachkompetenz) als Profil Ihrer beruflichen Kompetenz gehört als unabdingbare Voraussetzung zu Ihrer Legitimation für eine freiberufliche Tätigkeit (siehe Seite 38).

Die Grundvoraussetzung für Ihre Selbständigkeit ist die entsprechende Fachausbildung mit all ihren Befähigungs- und Sachkundenachweisen. Auch Branchenerfahrung, betriebswirtschaftliche Kenntnisse („harte" Erfolgsfaktoren, siehe Seite 26) in Bezug auf Marketing, Rechnungswesen, Kostenrechnung und Betriebsführung sind hilfreich. Notfalls kann dies ein kompetenter Partner für Sie übernehmen, doch Verständnis für die Materie benötigen Sie trotzdem. Dies läßt sich durch einschlägige Kurse, Lehrgänge oder Fachseminare erreichen.

Viele der eigenen beruflichen Kompetenzen sind einem auch gar nicht oder nur wenig bewußt. Anhand der Checkliste auf Seite 38 hatten Sie bereits die Gelegenheit, Ihre Kompetenzen zu erkunden. Nicht immer kommen alle zum Einsatz, doch ist es gut, sich einmal gründlich die eigenen Fähigkeiten zur Selbstbestätigung und Eigenmotivation vor Augen zu führen. Denken Sie besonders an die Notwendigkeit des lebenslangen Lernens, das Sie in Eigenregie und eigeninitiativ bewerkstelligen müssen. Gerade als Selbständige sind Sie auf aktuelles Wissen angewiesen, um einen Konkurrenzvorsprung zu (er-)halten.

4. Ihre Selbstdarstellung

Eine bisherige Erfolgsbilanz

Um Ihre Erfolge und (möglichst) einschlägigen Erfahrungen nach außen dokumentieren zu können, sollten Sie dem Know-how-Profil auch Ihre bisherige Erfolgsbilanz hinzufügen, um Professionalität nach außen zu signalisieren.

Bei Ihrem Erfahrungs-Profil geht es darum, welche Projekte Sie mit welchen Anforderungen erfolgreich gemanagt haben, welche Erfolge Sie dabei erzielt haben und welche Qualifikationen, z.B. Führungsqualitäten, dabei gefragt waren.

Bei Ihrem Erfahrungs-Profil sollten Sie nach folgendem Schema des „Erfolgsdreiecks" vorgehen.

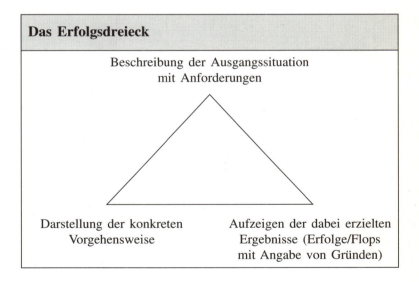

Sie fragen sich nun sicherlich: Wie kann eine Erfolgsbilanz aussehen, ohne daß es nach „Selbstbeweihräucherung" klingt? Hier ein Beispiel:

1. Gezielt vorbereiten

- Beschreibung einer möglichen Ausgangssituation:
  - Rückgang der Besucherzahlen in der Einrichtung
  - Finanzierungslücke für eine bestimmte Veranstaltung
  - Notwendigkeit von ehrenamtlichen MitarbeiterInnen
- Darstellung der konkreten Vorgehensweise:
  - Anregung einer Pressenotiz in der Zeitung, Verhandlung mit dem Redakteur
  - Veranstaltung eines „Tags der offenen Tür"
  - Verteilung von Handzetteln und Bitte um Geld- und Sachspenden bei umliegenden Einzelhandelsgeschäften
- Aufzeigen der dabei erzielten Ergebnisse (Erfolge/Flops):
  - Erscheinen der Pressemitteilung, erfolgreiche Veranstaltung, gute Spendenergebnisse, aber keine neuen Ehrenamtlichen gewonnen
  - Evaluation: Diese müssen persönlich, nicht über Handzettel angesprochen werden.

5. Checkliste:
Typische Fehler von Existenzgründern

Untersuchungen und die Insolvenzstatistik über Unternehmenspleiten belegen, daß neu gegründete Unternehmen in den ersten Jahren ihrer Existenz besonders anfällig für Fehlschläge sind. Ursachen hierfür sind nicht nur äußere Umstände wie Änderungen am Markt oder der Kundengewohnheiten, sondern auch die immer wieder vorkommenden typischen „Anfängerfehler".

Checkliste

Zu den typischen Fehlern, die zum Scheitern führen, zählen:

- zu enger Finanzrahmen/Finanzierungsmängel als Folge der Unterschätzung des kurzfristigen Kapitalbedarfs, Finanzierungsfehler durch Finanzierung langfristiger Investitionen mit kurzfristigen Krediten

5. Checkliste: typische Fehler

- kein systematisch betriebenes Marketing, mangelndes Management und Managementfehler, Qualifikationsmängel in puncto kaufmännischen Grundwissens
- fehlende Objektivität, Verbohrtsein in die Idee
- Unterschätzung der Risiken, keine Alternativen in Gründungsüberlegungen
- schleppender bis hin zu ausbleibendem Zahlungseingang bei Kundenzahlungen
- Informationsmängel und unzureichende Marktkenntnisse
- Erfahrungsmängel bezüglich Planung, Kontrolle, Fertigung/Leistungserstellung oder Vertrieb
- Beratungslücken und fehlendes begleitendes Coaching durch Experten
- fehlende Bereitschaft oder Zeit zu Qualifizierungsmaßnahmen
- Planungsmängel durch mangelhaftes Gründungskonzept und/oder Nichteinhaltung der Planvorgaben
- Probleme im privaten Bereich durch mangelnde Kooperation der Familie bzw. des Partners/Partnerin
- Fehleinschätzung der Erfolgsaussichten – sowohl der Umsätze als auch der Kosten bzw. mangelnde Kostenkontrolle
- Überschätzung der eigenen Arbeitskraft hinsichtlich körperlicher wie geistiger Kapazitäten
- zu späte oder unterlassene Reaktion auf äußere Einflußfaktoren, wie Trendwandel auf dem Markt, technischen Fortschritt, rechtliche Änderungen, mangelnde Teilnehmer, veränderte Kundengewohnheiten
- fehlerhafte Kalkulation/Fehler bei der Preispolitik, wie zu hohe oder zu niedrige Preise

1. Gezielt vorbereiten

- Fehleinschätzung der privaten Geldbedarfs, zu hohe Privatentnahmen, keine Risiko-Absicherung oder unvorhergesehene Privatverpflichtungen, die aus dem Firmenvermögen bezahlt werden müssen, z.B. bei Auszahlungen im Rahmen von Ehescheidungen
- Fehler bei Personalentscheidungen, falsche Personalauswahl
- kein Unternehmertyp, nicht die richtige Person zur Existenzgründung
- veraltete technische Ausstattung
- zu schnelles Wachstum

6. Checkliste: Erfolgsfaktoren bei der Existenzgründung

Gesicherte Finanzierung

Die erste Hürde ist das Startkapital. Allerdings liegt die Schuld nicht immer bei den Geldgebern. Die JungunternehmerInnen sollten sich durchaus einmal an die eigene Nase fassen.

> Legen Sie der Bank ein ausgefeiltes Konzept und einen fundierten Plan vor, dann klappt es auch mit der Finanzierung. Auf Seite 89 ff. erhalten Sie wertvolle Tips zum Umgang mit Kreditinstituten und Hinweise auf Förderprogramme.

Gutes Gründungskonzept

Nach der gesicherten Finanzierung ist die systematische Vorbereitung und ein gutes Gründungskonzept der zweite Erfolgsfaktor.

6. Checkliste: Erfolgsfaktoren

Durch die gründliche und intensive Arbeit am Konzept werden Sie von vornherein schon Problemlösungen suchen, um dem Vertreter der Bank Rede und Antwort stehen und sich sonstige Verbündete schaffen zu können.

Persönlicher Einsatz und hohes Engagement

Ganz wichtig sind natürlich der persönliche Einsatz und ein hohes Engagement in „Kopf, Herz und Hand", wenn eine Existenzgründung langfristig erfolgreich verlaufen soll. Mit „freizeitorientierter Schonhaltung" sind hier keine Erfolge möglich.

Unterstützung durch Familie und Freunde

Der familiäre Rückhalt und die Unterstützung durch den Freundeskreis ist von herausragender Bedeutung. Mit anderen Worten: Ohne soziales Netzwerk ist der Schritt in die Selbständigkeit wenig erfolgversprechend.

Fachwissen und Fachkompetenz

Dabei geht es nicht nur um einschlägige Branchenkenntnisse, die für eine freiberufliche Existenz unabdingbar sind, sondern um all das für Angehörige des Sozialbereiches artfremde Knowhow, das Sie sich aneignen müssen.

Fundierte Existenzgründungsberatung

Beratungsbedarf haben Firmenneugründer am ehesten wohl in Sachen Finanzierung. Es ist anzunehmen, daß gerade sozial Arbeitende einen sehr hohen Wunsch nach guter Beratung haben, da sie relativ wenig kaufmännische Erfahrung mitbringen. Neben der fundierten Beratung in der Vorbereitungsphase (Existenzgründungsberatung, siehe Seite 91 ff.) empfiehlt sich ein

1. Gezielt vorbereiten

begleitendes Coaching (Existenzaufbau- und -sicherungsberatung). Dabei sind von besonderem Interesse: Steuerfragen, Personalthemen, Vertrieb, Verkauf und Marketing und Umgang mit unerwarteten Krisen.

7. Schnell-Check: Optimaler Start in die Selbständigkeit

Zu guter Letzt noch einige hilfreiche Tips, die Ihnen den Weg in die Selbständigkeit erleichtern werden.

Das sollten Sie beachten!

- Richten Sie sich bereits vor der Gründung, auch ohne größere vorzeigbare Erfolgsbilanz, ein Homeoffice mit entsprechender Ausstattung ein, um für die Selbständigkeit zu üben. Nehmen Sie an allen laufenden Wettbewerben für Unternehmensgründer teil. Auch diese Aktivitäten zählen als Erfolge.

- Erlernen Sie Methoden zur Erfolgsvisualisierung und Präsentation, zu Kommunikationsverhalten und stilsicherem Auftreten. Eignen Sie sich effiziente Arbeitstechniken wie Mind Mapping, Projektmanagement, Verhandlungs- und Präsentationstechnik, Zeitmanagement oder Moderation an, die von verschiedenen Bildungsträgern angeboten werden. Auch mit den multimedialen Kommunikationstechniken sollten Sie sich anfreunden. Besonders EDV-Kenntnisse sind unabdinglich.

- Trauen Sie sich, die ebenen Wege des Angestelltendaseins möglichst frühzeitig zu verlassen, bevor Sie verlernt haben, mit Stolpersteinen umzugehen. Holen Sie sich Ihre praktische Erfahrung lieber in einem Umfeld, das bereits von Unabhängigkeit geprägt ist.

- Selbständig/freischaffend gilt als alternative Arbeitsweise und spezielle Lebensform, wobei das wirtschaftliche und emotionale Überleben in Ihren Händen liegt.

- Was Sie auch im einzelnen machen, denken Sie immer daran: Sie sind ProblemlöserIn und deshalb auch DienstleisterIn.
- Die Grundlagen erfolgreicher Selbständigkeit sind:
  - Kompetenz
  - Zuverlässigkeit
  - Freundlichkeit.
- Kompetenz erwirbt und erweitert man durch fundierte Fachkenntnisse und ständige Weiterbildung.
- Erst bewiesene Zuverlässigkeit bindet die Kunden. Dazu gehört auch Pünktlichkeit und Freundlichkeit.
- Servicementalität ist gefragt: „Behandle jeden so, wie du selbst gerne behandelt werden möchtest!"
- Bestimmen Sie für sich eine Kernarbeitszeit, in der Sie für Ihren Beruf zur Verfügung stehen.
- Sehen Sie zu, daß Sie körperlich und geistig fit sind.
- Entwickeln Sie sich nicht zum „Workaholic", der Beruf darf nicht alles sein.
- Belohnen und motivieren Sie sich selbst!
- Fangen Sie nichts an, von dem Sie jetzt schon wissen, daß es Ihnen keine Freude machen wird, nur weil die Aussicht auf Geldverdienen Sie reizt.
- Setzen Sie Schwerpunkte, stehen Sie sich mit Ihren verschiedenen Tätigkeiten nicht selbst im Weg.
- Erkennen Sie Trends rechtzeitig! Trends bestimmen Ihre Strategie, also Ihre langfristige Planung, während Modeerscheinungen Ihre kurzfristigen taktischen Maßnahmen bestimmen.
- Machen Sie Pläne, seien Sie kreativ und lassen Sie auch außergewöhnliche und skurrile Ideen zu. Das Wichtigste dabei ist Ihre Entschlossenheit, sie durchzusetzen.
- Als Selbständiger sind Sie immer im Dienst. Daher beherzigen Sie die Devise: „Allzeit parat sein"; mit Notizblock,

Bleistift, Info-Materialien, Augen und Ohren auf, interessiertem und offenem Blick).

- Was wollen Sie sein: Spezialist oder Alleskönner? Eindeutige Vorteile des Spezialistentums in der Marktnische:
  - weniger Konkurrenz
  - Möglichkeiten gezielten Marketings (einfacher und billiger)

  Nachteile:
  - zu kleiner Markt
  - Technologie- oder Modewechsel, Gesetzesänderungen

  Daher: Spezialisieren ja, aber nicht zu eng und nicht nur auf einen Bereich.

- Zielgruppe: Der Kunde möchte ein problemfreies Leben nach seinen Vorstellungen führen. Dafür ist er bereit, sein Geld auszugeben. Personengebundene Dienstleistungen nehmen deshalb zu. Dabei beachten, daß eher für Angebote für Besserverdiener eine Chance besteht, weniger bei den „Randgruppen".

- Lernen Sie Ihre Kunden kennen, positionieren Sie sich: Zu welchem Segment gehören Sie:
  - Luxus
  - gehobene Preisklasse
  - Massengeschäft
  - Billigware?

- Angebote: Setzen Sie Schwerpunkte in einem Tätigkeitsgebiet mit hinreichend großer Bandbreite. Seien Sie dynamisch und flexibel.

- Gestalten Sie Ihr Erscheinungsbild:
  - Geschäftspapiere aller Art
  - Einrichtung
  - Outfit (Kleidung, PKW, Geschäftsräume).

- Planen Sie Ihre Anfangsinvestitionen realistisch und genau, geben Sie ruhig etwaige Fehler zu und betrügen Sie sich nicht selbst.

7. Schnell-Check: Optimaler Start

- Der Sprung – oder besser der Schritt – in die Selbständigkeit ist mühsam. Lassen Sie sich nicht entmutigen von der vielen Arbeit im Vorfeld der Gründung. Es ist sehr aufwendig, alle Unterlagen, Berechnungen, Überlegungen und Behördengänge rechtzeitig zu koordinieren.

- Machen Sie sich mit den Grundkenntnissen der Mindestbuchführung für Selbständige vertraut. Preiswerte Grundkurse bietet auch die Volkshochschule an. Lesen Sie einschlägige Ratgeber zu diesem Spezialgebiet.

- Lassen Sie sich eingehend beraten und denken Sie an die langen Wartezeiten bei den Beratungsstellen.

- Arbeiten Sie ständig an Ihrem Wissen, gehen Sie in Bibliotheken. Lesen Sie ausführlich alle möglichen Informationen, auch über Ihr Kerngebiet hinaus.

- Überlegen Sie, wie Sie Flautezeiten sinnvoll ausfüllen können. Überarbeiten Sie Ihre Selbstdarstellung, erweitern Sie sie mit den letzten Erfolgsmeldungen. Machen Sie Ordnung in Ihren Unterlagen. Nehmen Sie sich Ihre Notizen vor – dafür haben Sie sie gesammelt.

- Gehen Sie mal wieder an eine Fachhochschule und machen sich über den neuesten Trend schlau, bewerben Sie sich um einen Lehrauftrag.

- Schreiben Sie Leserbriefe, Artikel für Zeitungen und Fachzeitschriften bis hin zu einem Fachbuch oder Rundbriefe oder halten Sie Ihre Gedanken zumindest schriftlich fest. Lassen Sie sich als ReferentIn einladen und gehen systematisch zu „Vernetzungstreffen" jedweder Art. Bieten Sie selbst Fortbildung mit Referenten für Interessierte an.

Bedenken Sie: Das Haupthindernis für das wirtschaftliche Überleben als NeuunternehmerIn sind Sie selber, wenn Sie keine Ahnung von kaufmännischen Angelegenheiten haben, schlecht über Ihr wirtschaftliches Umfeld informiert sind und sich zu wenig um staatliche Förderung kümmern.

8. Besonderheiten „sozialpädagogischer Gründungen"

Was ist das besondere an einer Existenzgründung im sozialen Bereich, wodurch unterscheidet sie sich von anderen?

- Fehlende Gründerkultur:
  Die berufliche Selbständigkeit im Sozialbereich ist relativ neu, denn eine ausgeprägte Gründerkultur ist noch nicht vorhanden. Arbeitsfelder sind erst in begrenztem Umfang vorhanden, sie müssen noch erschlossen werden. Die Verdienstmöglichkeiten halten sich zudem in Grenzen.

- Akzeptanz- und Imageprobleme:
  Soziale Projekte haben Akzeptanzprobleme bei Banken, da Sozialpädagogen selbst noch gewisse Imageprobleme haben. Ihnen geht u.a. der Ruf voraus, sich in wirtschaftlichen Belangen nur wenig auszukennen. Ausgewiesenes unternehmerisches Denken und Handeln sind aber unabdingbar für den Zugang an die Geldtöpfe und damit den Erfolg. Auch für die Kunden ist es noch ungewohnt, daß sie zwischen traditionellen öffentlich betriebenen „Fürsorgeinstitutionen" und selbständigen Angeboten wählen können. Sie müssen erst Vertrauen dazu gewinnen – und bereit sein, Geld dafür zu zahlen.

- Fehlende Unternehmerkultur bei Sozialschaffenden:
  Sozialpädagogen sehen ihr berufliches Selbstverständnis vielfach in der ausschließlichen Helferrolle. Sie müssen sich an die fremde und ungewohnte Unternehmerrolle erst gewöhnen und stehen unter heftigem Rechtfertigungsdruck durch ihre ehemaligen Kollegen. Die Persönlichkeit von Sozialpädagogen ist auch kaum von betriebswirtschaftlichen Einstellungen und Kenntnissen geprägt. Die Ausbildung berührt diese Bereiche noch kaum. Die Anbieter Sozialer Arbeit müssen lernen, für ihre Dienstleistungen entsprechend Geld zu verlangen.

- Fehlende Markttransparenz:
  Es ist wenig Marktübersicht über mögliche Handlungsfelder, Konzepte und andere Anbieter vorhanden, da die Thematik für den Sozialbereich noch zu neu ist. Daher fehlen Anregungen zur Nachahmung.

8. Besonderheiten „sozialpädagogischer Gründungen"

- Verbandsunterstützung und Vernetzung in den Anfängen:
Erst allmählich bilden sich verbandliche Unterstützungsstrukturen und professionelle Netzwerke heraus, z.B. durch den DBSH (Adresse auf Seite 160).

- Kennzeichen der sozialen Arbeitsweise bei Existenzgründungsberatern nicht weit verbreitet:
Unternehmensberater kennen die Spezifika der Sozialen Arbeit nicht genügend, es fehlt ihnen an Einfühlungsvermögen in die „soziale Materie" und verhindert eine optimale Beratung.

- Fördermittel meist nur für Vollexistenz:
Bei der Vergabe der wichtigsten Existenzgründungsprogramme wird von den Geldgebern erwartet, daß auf Dauer eine Vollexistenz gegründet wird, mit denen der Selbständige zum größten Teil seinen Lebensunterhalt bestreiten möchte. Dadurch wird der Lage vieler Sozialpädagogen nicht Rechnung getragen, die die Selbständigkeit schrittweise neben einem „abhängigen Standbein" angehen möchten. Besonders Frauen als Gründerinnen werden dadurch benachteiligt.

  Auch besteht Zugang zu Fördermitteln eher für hohen Kapitalbedarf: Viele Gründungen im Sozialbereich bedürfen allerdings nur wenig Kapital und unterschreiten die Fördergrenze von mindestens 5.000 DM (bei der Eigenkapitalhilfe EKH zum Beispiel) für öffentliche Mittel.

- Starke Abhängigkeit von den Staatskassen:
Die „Selbständigkeit" in der Sozialen Arbeit hängt stark von staatlichen Aktivitäten ab, die nicht zu beeinflussen sind. So ist die Gesetzeslage im Kinder- und Jugendhilfe-Gesetz einerseits Basis für viele Betreuungsangebote, doch fehlt andererseits den Ämtern das Geld, um die Unterbringung auch zu finanzieren. Die „Kunden" haben in den wenigsten Fällen ausreichende Mittel. Es herrscht also immer eine Abhängigkeit von den öffentlichen Kassen. Dessen sollten sich die Existenzgründer bewußt sein.

- Gleitender Übergang möglich:
Von Vorteil ist, daß im Sozialbereich die Möglichkeit der Teilzeitbeschäftigung häufiger als in anderen Bereichen ge-

geben ist, so daß die berufliche Selbständigkeit über einen längeren Zeitraum vorbereitet oder gar parallel durchgeführt werden kann.

- Motivation:
  Die Motivation zum Sprung in die Selbständigkeit dürfte bei Sozialpädagogen häufiger die (drohende) Arbeitslosigkeit als der unternehmerische Drang sein, eine eigene Firma zu gründen. Selbständigkeit, Kreativität und Mut gehören bei uns – im Gegensatz zu den USA – nicht zu den erklärten Erziehungszielen. Auch die berufliche „Sozialisation" der Sozialpädagogen und Sozialarbeiter ist vielmehr geprägt von Abhängigkeit, Angepaßtheit und Sicherheitsdenken. Eine „Gehaltsempfängermentalität" ist jedoch die schlechteste Voraussetzung für erfolgreiche Selbständigkeit im Beruf.

- Schwierigkeiten der Selbstpräsentation:
  Eigenlob stinkt? Self-Marketing widerstrebt vielen im Sozialbereich. Sich anpreisen gilt als ungehörig, Bescheidenheit als das „schönste Kleid"! Aber: Sie bringen den anderen einen Nutzen, Sie sind ein „Problemlöser". Das paßt doch gut zu der gewohnten Helferrolle und kann dadurch vielleicht eher angenommen werden. Denken Sie daran: Ihre Vermarktung von heute bringt die Aufträge für morgen!

- Mehrere Verhandlungspartner:
  Soziale Anbieter müssen neben den Nutznießern ihrer Angebote, den eigentlichen Kunden, auch die Bedürfnisse und Wünsche Ihrer „Finanziers" wie öffentliche Auftraggeber, Krankenkassen o.ä. ins Kalkül ziehen. Sie sind sozusagen an zwei Fronten beschäftigt.

Gründungsidee souverän präsentieren

2

1. Am Anfang war die Idee 64

2. Kurzpräsentation der Idee 67

3. Positionieren Sie sich:
   „Die Besonderheit des Hauses" 67

4. Praxis-Tips für Ideensucher 71

5. Checkliste: 77 Möglichkeiten
   für berufliche Selbständigkeit
   in der Sozialen Arbeit 75

1. Am Anfang war die Idee ...

Zündende Gründungsideen sind meist Auslöser für die Überlegung, sich selbständig zu machen, der Drang zur Selbständigkeit ist der Motor einer Unternehmensgründung.

Es ist wichtig, auf eine Idee zu kommen und zu wissen, auf welchem Gebiet, mit welchem Angebot und für welche Kunden man als Freiberufler tätig werden möchte.

Ein „Soziales Projekt", eine „alternative Inspiration" – wer war nicht schon vom Gründerrausch beseelt und wollte sich und seine Träume verwirklichen in der Annahme, alleine alles besser machen zu können.

Wohltäter oder Existenzgründer?

Jede Gründungsidee ist nur so gut wie das Bedürfnis, das diese Idee befriedigt. Und zwar gegen Bezahlung! „Von menschlicher Anerkennung kann man nicht abbeißen, auch Geld ist eine Anerkennung."

Jede Idee muß deshalb umfassend und genau untersucht werden, ob auch ein Markt für sie vorhanden ist, ob es genügend Menschen gibt, die dafür einen angemessenen Preis bezahlen können. Diese Überlegung sollten speziell die LeserInnen dieses Buches anstellen, denn für sie ist es ungewohnt, „wertvolle Arbeit für benachteiligte Menschen" gegen Geld zu erbringen, das ihre Klientel in vielen Fällen nicht aufbringen kann.

> Finden Sie heraus, für wen Sie tätig sein könnten, wer Ihr Angebot braucht und wer dafür zu zahlen bereit ist. Bedarf allein reicht nicht aus. Sie brauchen eine kaufkräftige Nachfrage! Gerade im sozialen Bereich besteht ein großer Bedarf an Dienstleistungen, die aber von den „Bedürftigen" nicht bezahlt werden können und auch den institutionellen Stellen die Mittel fehlen.

1. Am Anfang war die Idee ...

Auch wenn eine gute Geschäftsidee allein noch keinen erfolgreichen Existenzgründer ausmacht, eine grundlegende Voraussetzung für die Selbständigkeit ist sie auf jeden Fall.

Wie kommen Sie auf eine tragfähige Idee, wo finden Sie den Bedarf, die Marktlücke?

Sie müssen sich auf alle Fälle langfristig vorbereiten! Denn Sie wollen doch sicherlich nicht auf einen „fahrenden Zug aufspringen", ohne sich mit dem Unternehmensinhalt identifizieren zu können. Oder gar einen Schnellschuß und damit einen Flop bringen. Daher: Heute schon an morgen denken! Analysieren Sie sorgfältig das erfolgversprechendste Aufgabengebiet für Ihre speziellen Fähigkeiten. Lassen Sie sich Zeit dazu, nehmen Sie vielleicht auch an den vielfältig angebotenen Informationsmöglichkeiten teil (siehe auch ab Seite 160).

Halten Sie besonders die Augen offen, die Berichte über neue Arbeitsfelder mehren sich. Legen Sie sich eine Liste mit Problemen an, die Sie mit Ihrer Ausbildung, Ihren Kompetenzen und besonderen Neigungen lösen können und wollen.

Informieren Sie sich über neueste Trends

Informieren Sie sich über den Trend, daß öffentliche Stellen ihre Angebote zunehmend von Trägern der freien Wohlfahrtspflege und auch speziell kleinen Einheiten übertragen. Hier sind beispielsweise die Formen des betreuten Wohnens oder der Erziehungsberatung nach dem Kinder- und Jugendhilfe-Gesetz zu nennen. Hierfür ist es wichtig, sich im Kontraktmanagement auszukennen, um die Hintergründe der öffentlichen Auftragsvergabe kennenzulernen und sich entsprechend mit einem formal richtigen und inhaltlich ansprechenden Angebot an den Ausschreibungen erfolgreich beteiligen zu können.*) Die Lektüre macht Sie auch schlau in Finanzierungsformen wie Projekt-

---

*) Knorr, F./Scheppach, M.: Kontraktmanagement – ebenfalls im Walhalla Fachverlag erschienen.

förderung oder institutionelle Förderung, denn davon werden Sie leben müssen!

Als Gebiete, auf denen Weiterbildungsbedarf besteht, wären zu nennen:

- Zeitmanagement
- Konfliktmanagement
- Management generell
- Führungsstile
- Qualitätsicherung
- Personalentwicklung
- Sozialrecht
- EU-Vorschriften
- alternative Finanzierungsmöglichkeiten
- Outsourcing als Verlagerung bestimmter Tätigkeiten, die ursprünglich im Unternehmen oder von öffentlichen Trägern wahrgenommen wurden, nach „draußen"
- Rechnungswesen/Controlling
- Tarif- und Arbeitsrecht
- Entscheidungsfindung
- Kontraktmanagement und Monitoring als kontinuierliche Überwachung eines externen privaten Auftragnehmers

> Tragen Sie immer Notizblock und Schreibzeug mit sich, halten Sie bei jeder sich bietenden Gelegenheit Ihre Eindrücke fest.

2. Kurzpräsentation der Idee

Im folgenden Schritt der Konzeptionsphase geht es darum, konkrete Lösungen und Gestaltungsformen zu finden, um diese Idee optimal den möglichen Kunden, aber auch allen anderen Interessenten am Unternehmen zu präsentieren und sich von möglichen Konkurrenzangeboten abzugrenzen.

Versuchen Sie, so kurz und prägnant wie möglich, die Grundidee des Unternehmenskonzeptes und Hinweise zur Ausführung in einer Kurzpräsentation zusammenzufassen. Jedes überflüssige Wort ist zuviel, auf jeden einzelnen Ausdruck kommt es an.

In der Kürze liegt bekanntlich die Würze: Denken Sie daran, wenn Sie sich einen griffigen Slogan ausdenken, der in einem Satz Ihr Angebot umschreibt.

> Lassen Sie sich Zeit, eine wirklich treffende und klar umrissene Kurzaussage zu formulieren. Das Ergebnis halten Sie bitte schriftlich fest.

3. Positionieren Sie sich: „Die Besonderheit des Hauses"

Wichtig ist es, vor allem das Besondere Ihres Konzeptes zu erarbeiten und herauszustellen. Sie wollen sich ja von der Konkurrenz positiv unterscheiden!

Prüfkriterien

- Was will ich anbieten?
- Was ist das Besondere daran?
- Warum will ich diese Idee umsetzen?
- Für wen (Zielgruppe/Kunden)?

2. Gründungsidee souverän präsentieren

- Wo liegt der spezielle Nutzen?
- Wo und wie mache ich es?
- Mit wem (Rechtsform und Kooperationen)?
- Was kostet es?
- Wann ist der Zeitpunkt des Startes?

Das Alleinstellungsmerkmal

Im Mittelpunkt Ihrer Zieldefinition „Inhaltsbeschreibung der Unternehmenstätigkeit" steht die Erarbeitung des „Alleinstellungsmerkmals", um Ihre Gründungsidee im wahrsten Sinne des Wortes zu profilieren und um ihr auf dem Markt sozusagen eine feste Position zu verschaffen.

Das Alleinstellungsmerkmal als Ausdruck der „Besonderheit des Hauses" beschreibt die ganz spezielle Leistung Ihres Unternehmens im Vergleich mit den Angeboten der Mitbewerber. So soll z.B. das Schild „Hier kocht der Chef selbst" das Gasthaus positiv von anderen unterscheiden, in deren Küche „nur" ein Angestellter kocht.

Suchen Sie Anregungen aus Ihrem täglichen Umfeld, besonders der kommerziellen Werbung in Wort und Schrift, und nehmen sich daran ein Beispiel für die Art, Formulierung und Präsentation Ihres eigenen Alleinstellungsmerkmals. Allerdings, die äußere Präsentation muß mit der internen Umsetzung übereinstimmen, besonders im Bereich Sozialer Arbeit!

Mögliche Slogans

- „Die mit dem besonderen Service"
- „Pflege rund um die Uhr"
- „Wir kommen zu Ihnen ins Haus."

3. Positionieren Sie sich

- „Mehr als satt, sauber und still!"
- „Entlastung auch in schwierigen Fällen"
- „Lebensfreude neu gewinnen durch ..."
- „Geborgenheit im Alter"
- „Ein sicherer Schritt ins neue Leben"
- „Hilfe für den ganzen Menschen"

Profil und Positionierung

Das Alleinstellungsmerkmal verschafft Ihrem Angebot, zumeist auch Ihrem gesamten Unternehmen, ein eindeutiges und unverwechselbares Profil, durch das eine Nische, eine selbstgewählte „Schublade" im Umfeld der Mitbewerber besetzt werden soll.

Es erfolgt dadurch eine sogenannte Positionierung auf dem Markt. Durch diese Positionierung nimmt man im Bewußtsein der Kunden einen ganz besonderen Platz ein. Dadurch erhält das Produkt oder die Dienstleistung in der Gedankenwelt der tatsächlichen und potentiellen Kunden einen besonderen (Wieder-) Erkennungswert. Es soll deutlich werden, wofür man steht und insbesondere, was den Nutzen für den Kunden ausmacht.

Profilierungs-Möglichkeiten

Für Angebote aus dem Sozialbereich kommen beispielsweise folgende Komponenten in Betracht:

- Zielgruppe(n)
- sozialpädagogische Methoden und Lösungsansätze
- therapeutische Schule
- konfessionelle Gebundenheit
- politische Richtung

2. Gründungsidee souverän präsentieren

- Menschenbild
- lokale und zeitliche Präsenz
- Finanzquellen und Organisation des Unternehmens
- Finanzierung durch die Nutzer
- Arbeitsmethodik

Das, was das Profil darstellt, muß zugleich auch den größten Nutzen für den Kunden erbringen. Es wird noch gezeigt, daß das Produkt selbst nur selten den Kaufgrund darstellt. Wichtig ist vielmehr, was der Kunde damit direkt an Nutzen und Vorteil erreichen kann. Z.B. das Auto: Der Kunde kauft keinen „fahrbaren Untersatz", sondern Ansehen und Prestige, Abenteuerlust und Lebensfreude.

Konkrete Grundfragen zu Positionierung und Profil

Da eine Positionierung am Markt nicht beliebig oft geändert werden sollte, um den Wiedererkennungswert des Angebotes bei der Kundschaft nicht aufs Spiel zu setzen, sollten Sie sich die Positionierung Ihres Unternehmens und seiner Leistungen gründlich überlegen.

Konkrete Grundfragen

- Als wer möchte ich mit meinem Unternehmen bekannt sein?
- Wofür soll der Kunde mich und mein Unternehmen kennen und schätzen?
- Wie läßt sich die Besonderheit meines Konzeptes zum Ausdruck bringen?
- Welchen speziellen Nutzen haben meine Kunden von dieser Besonderheit?

- Wo ist der Platz meines Unternehmens in der Landschaft der Mitbewerber?
- Worin liegt seine „lokalpolitische" Bedeutung?
- Welchen besonderen Lösungsansatz biete ich mit meinem Unternehmen?

Alles anders als andere

Um Ihr Unternehmen auf dem Markt positiv herauszustellen, gibt es eine einfache Formel: „Alles anders als andere tun" und dies entsprechend publik machen.

Bei der Realisierung dieses Teilkonzeptes kommt es besonders auf die authentische Umsetzung und die durchgängig klar (wieder-)erkennbare „Handschrift" der Corporate Identity an. Im Kapitel über Marketing werden weitere Handlungsanweisungen dazu vorgestellt (siehe Seite 107 ff.).

4. Praxis-Tips für Ideensucher

Denken Sie „schräg"

Wer nicht vom Weg abkommt, bleibt auf der Strecke. Denken Sie „schräg", denn nur wer vorgedachte Pfade verläßt und das Gras wachsen hört, kann erfolgreich neue Marktlücken bzw. -nischen entdecken. Treiben Sie zusätzlich gezielte Kundenbeobachtung, seien Sie offen für externe Denkanstöße (Messebesuch, Lektüre, Besuch von Existenzgründerveranstaltungen, Anzapfen von Datenbanken/Internet).

Lassen Sie sich nicht davon abschrecken, daß der eine oder andere Gedanke so banal erscheint, daß ihn schon Millionen von Menschen vor Ihnen gehabt haben müssen. Dem ist in der Regel nicht so!

2. Gründungsidee souverän präsentieren

Wählen Sie ein Gebiet, das Sie beherrschen

Kombinieren Sie Ihre Kernkompetenz als SozialpädagogIn mit dem Wagemut und der Kreativiät einer Jungunternehmerin bzw. eines Jungunternehmers, wählen Sie ein Gebiet, das Sie beherrschen. Mit Branchenkenntnissen und Liebe zu den Inhalten läßt sich ein gutes Konzept leichter umsetzen, als wenn es lediglich von außen durch Berater oder Marktanalysen angeraten wird. Fachkompetenz mit Herzblut, das ist die Mischung!

Suchen Sie eine Idee, die Ihnen Spaß macht

Nur wer mit Freude und Enthusiasmus arbeitet, wirkt auf Geschäftspartner überzeugend und hält in schwierigen Zeiten durch. Erinnern Sie sich an „Spaß an der Freude muß sein"? Auch die beste Selbstmotivation hilft nichts, wenn Ihnen die Arbeit keine Freude macht, schon gar nicht, wenn es eine freiwillig gewählte Arbeit ist. Suchen Sie deshalb eine Idee, die Ihnen auch Spaß macht.

Lassen Sie sich inspirieren

Gehen Sie mit offenen Augen und Ohren durch die Lande, führen Sie ein Notizbuch, in dem Sie alle Ideen notieren, die von Interesse sein könnten und mit denen Sie sich anfreunden könnten. Notieren Sie sich wirklich alles, was Ihnen auffällt, auch negative Einfälle, was oder wie man es nicht machen sollte. Auch aus schlechten Beispielen kann man viel lernen. Zudem muß man das Rad nicht immer neu erfinden, durch Findigkeit lassen sich manche gute Ideen in veränderter Form neu beleben. Kreativität läßt sich auch erlernen! Manchmal genügt auch ein aufmerksamer Blick in die Umgebung, um zu erkennen, was wirklich Zukunft hat.

4. Praxis-Tips für Ideensucher

Verlieren Sie keine Ideen

Manche Gedanken und Einfälle müssen sich erst im Laufe der Zeit entwickeln. Notieren Sie jede interessante Information, sammeln Sie alle vermeintlich relevanten Unterlagen dazu, halten Sie Ihre Überlegungen in den verschiedenen Entwicklungsstufen fest, verwerfen Sie noch unausgegorene Einfälle nicht voreilig. Gute Ideen sind wie Käse – sie müssen reifen. Aber nicht zu lange, sonst laufen sie davon!

Prüfen Sie die Realisierbarkeit

Nicht jede „zündende" Idee – besonders auf dem Gebiet „sozialer Angebote" – läßt sich auch wirtschaftlich umsetzen. Reicht das Kapital für die Investitionen, ist das finanzielle Potential auch groß und ergiebig genug, bleibt also genug zum Überleben? Seien Sie ganz kritisch, was den finanziellen Ertrag anbelangt. Sie müssen von der Idee leben können!

Tauschen Sie sich mit Vertrauten, Freunden und Beratern aus, ob die Geschäftsidee wirklich so erfolgversprechend ist wie es Ihnen scheint.

Überprüfen Sie die Realisierbarkeit Ihrer Idee kritisch, ehe Sie ein Darlehen beantragen. Die praktische Umsetzbarkeit ist neben der Wirtschaftlichkeit ein wichtiges Kriterium!

Informieren Sie sich umfassend

Neben Kreativität und Inspiration, auch durch andere, sollten Sie systematisch Marktforschung betreiben: Welche Produkte, welche Dienste wünschen sich Freunde und Bekannte? Sie sind der erste Gradmesser! Auch gründliches Recherchieren außerhalb des privaten Kreises ist notwendig, um Bedürfnisse potentieller Kunden zu entdecken. Messen und (Fach-)Lektüre geben Hinweise auf Marktnischen. Sie müssen sich aber mit Ihrem Angebot identifizieren können. Auch „Konkurrenzforschung" ist angesagt!

2. Gründungsidee souverän präsentieren

Halten Sie dicht

Manche Ideen rechnen sich nur, wenn Sie – zumindest vorerst – der einzige Anbieter sind. Es droht die Gefahr, daß ein kapitalkräftiger Konkurrent Ihr Konzept schneller nachahmt, als Sie sich etablieren können. Hängen Sie Ihre Idee also nicht gleich an die große Glocke (abgesehen von vertrauenswürdigen Gesprächspartnern), sondern erst dann, wenn sie Marktreife erlangt hat und Sie auf jeden Fall als „PionierunternehmerIn" davon profitieren können. Und zwar ganz im Sinne kapitalistischen Profitdenkens! Schließlich sind Sie keine „Sozialstation", sondern müssen von Ihres Kopfes und Ihrer Hände Arbeit auch leben.

Alles anders als andere tun

Es ist wichtig, eine eigene Idee zu haben, die sich in der Realisation von denen der Mitbewerber klar und deutlich unterscheidet (siehe „Alleinstellungsmerkmal" auf Seite 68 f.).

Erkunden Sie Marktlücken und besetzen Sie Marktnischen, kopieren Sie ruhig, aber nicht ohne phantasievolle Abwandlung. Plumpe Nachahmer kommen im etablierten Wettbewerb nicht weit. Spezialisieren Sie sich auf eine Besonderheit, Kunden möchten eine individuelle Lösung kaufen. Denken Sie in Zielgruppen.

Machen Sie jede Not zur eigenen Tugend

Bei dieser Anregung ist Not nicht (nur) im sozialpädagogischen Sinne gemeint. Ein lebenswelt-orientierter Ansatz erkennt Not auch in den Ladenschlußgesetzen, der Umweltbelastung, fehlender Kinderbetreuung, Zwang zur Mobilität, hohen schulischen Anforderungen, Bedarf an Computer-Wissen für jedermann, usw. Die Geschäftsideen liegen förmlich auf der Straße und warten darauf, von Ihnen in die Tat umgesetzt zu werden. Lassen Sie sich auch von einschlägiger Lektüre über pfiffige Geschäftsideen inspirieren, kupfern Sie diese jedoch nicht unreflektiert ab. Sie müssen sich mit ihnen voll identifizieren können.

5. Checkliste: 77 Möglichkeiten für berufliche Selbständigkeit in der Sozialen Arbeit

Um auf Ideen für Ihre eigene Tätigkeit zu kommen, sollten Sie aufmerksam die Tageszeitungen und Fachzeitschriften lesen, sie enthalten jede Menge Anregungen.

Sammeln Sie auch Material über erfolgreiche Geschäftsmodelle. Üben Sie alle Formen des Brainstorming und des Kreativitätstrainings, um auch Ideen für sich nutzen zu können, die außerhalb Ihres Spezialgebietes liegen.

77 Geschäftsideen
1. Wohnanlagen für Senioren
2. Einkaufsservice für Senioren
3. Gehirn- und Bewegungstraining für Senioren
4. Senioren-Reisen mit Betreuung
5. Freizeitgestaltung für aktive Senioren
6. Tagesbetreuung für alte Behinderte
7. Reisebüro für Behinderte
8. Praktische Lebenshilfe für wohlhabendere Behinderte
9. Ferienhaus/Hotel für Behinderte
10. Outplacement-Beratung (Beratung für Arbeitnehmer vor der „Freisetzung" vom Arbeitsplatz)
11. Suchtprävention in Betrieben
12. Mediation und Konfliktmanagement, nicht nur bei Familienproblemen, auch in Betrieben und Organisationen
13. Erwachsenenbildung, Seminare für besondere Zielgruppen

2. Gründungsidee souverän präsentieren

14. Kulturmanagement
15. Ökologie-Beratung zum Öko-Audit
16. Fundraising (Beratung zur Mittelbeschaffung für Non-Profit-Organisationen)
17. EDV-Beratung und Software-Entwicklung
18. Personalentwicklung und Organisationsberatung
19. Psychotherapie
20. Evaluationsberatung
21. Besondere Formen der Kinderbetreuung, z.B. Kinder-Party-Service
22. Familienhilfen, wie Einkaufs- oder Betreuungsservice
23. Private Suchtberatung
24. Partyservice, Cartering (Lieferung von speziellen Naturkost-Waren und -Speisen)
25. Projektierungsberatung
26. Tausch- und Partner-Börsen
27. Paukstudio für Nachhilfe
28. Bildungsinstitut
29. Gesundheitsförderung in Betrieben
30. Supervision und Coaching
31. Beratung/Schulung in sozialen Kompetenzen
32. Motivationstraining
33. Sterbe- und Trauerbegleitung, ambulantes Hospiz, Hausbetreuungsdienst oder Tageshospiz
34. Therapeutisches Theater
35. Naturpädagogik oder -abenteuer

5. 77 Möglichkeiten für berufliche Selbständigkeit

36. Mobbing-Beratungsdienst in Betrieben oder Seminare für Mobbing-Opfer
37. Personalmanagement für Freiwilligenagentur
38. Seminare für Multi-Kultur-Verständnis
39. Therapeutischer Reiterhof/Reittherapie
40. Schuldnerberatung
41. Lebensberatung für Singles
42. Betreutes Wohnen für Jugendliche (mit Geld)
43. Kinderheim mit Großfamilienatmosphäre
44. Unternehmens-Training (Outdoor für Manager)
45. Wohnangebot für Drogenabhängige im Wartestand auf einen Therapieplatz
46. Kinderbetreuung zu ungewöhnlichen Zeiten (nachts, in den Ferien, bei Krankheit)
47. Familien-Service (Einkaufen, Kinderbetreuung)
48. Training von Sozialkompetenz
49. Bewerbungstraining
50. Tanzschule für besondere Zielgruppen
51. Thematische Stadtführung
52. Theaterbegleitung
53. Sozialberatung für Krankenkassen, Firmen, Behörden
54. Verpflegungs- und Entspannungsangebote für Messeanbieter und -besucher
55. Raumgestaltungsangebote
56. Beratung zum Qualitätmanagement

2. Gründungsidee souverän präsentieren

57. Schulungstheater für Betriebsangehörige: „business goes Theater" mit firmenspezifischen Bühnenstücken
58. Externer betrieblicher Sozialdienst
59. Therapie von Rechtschreibe-, Rechen- und Aufmerksamkeitsschwächen
60. Existenzgründungsberatung für soziale Berufe
61. Marketingberatung für soziale Dienstleister
62. „Home-Care"-Beratung für bestimmte Problemlagen
63. Berufsbetreuung
64. Schule des Lernens für lernschwache Schüler
65. Versandhandel für Bücher („virtuelle Buchhandlung") oder für Spezialangebote, wie Behindertenware
66. Sämtliche Varianten des betreuten Wohnens
67. VerfahrenspflegerIn (Betreuung nach dem neuen Kinder- und Jugendhilfe-Gesetz)
68. Pflegeberatung als Case-management zur optimalen Versorgung
69. Betreuung im Ausland für deutsche Staatsangehörige
70. Beratungsstelle für Zeugen und Opfer von Straftaten
71. Betreutes Wohnen für junge Erwachsene nach abgeschlossener stationärer Drogenentwöhnungsbehandlung
72. Gründung eines mobilen sozialen Dienstes für Senioren
73. Gewaltpräventive Bewegungsarbeit mit Kindern
74. Sportliche Schwangerschaftsberatung und -angebote
75. Frauencafé mit Kinderbetreuung und Weiterbildungsmöglichkeiten
76. Ausbildungsbegleitende Hilfen
77. Schülerzentrum für Schülerhilfe und Elternseminare

Kapitaleinsatz und Fördermittel richtig planen   3

1. Notwendige Investitionen
   und Kosten prüfen 80

2. Wirtschaftlichkeit definieren:
   Erfolgsrechnung 81

3. Kapitalbedarf berechnen:
   Investitions- und Kostenplanung 82

4. Finanzierung sichern:
   Finanzierungsplanung 87

5. Beratungsmöglichkeiten
   und Fördermittel 91

1. Notwendige Investitionen und Kosten prüfen

Wer sich selbständig machen will, braucht Startkapital. Sie sollten den Sprung in die Selbständigkeit nur mit einem gut kalkulierten Risiko wagen. Auch das beste Gründungskonzept nützt wenig, wenn das erforderliche Geld fehlt, das Vorhaben in die Tat umsetzen zu können. Die innovativste und ausgefallenste Idee bleibt unter ökonomischen Gesichtspunkten wertlos, wenn sie nicht finanzierbar ist oder nichts einbringt, sich also nicht als wirtschaftlich erweist. Viele Konzepte scheitern an der oftmals mangelhaften Finanzierung.

> Dem Gründungsfieber und Enthusiasmus über die Geschäftsidee darf eine Grundregel für die erfolgreiche Unternehmensgründung nicht zum Opfer fallen:
>
> - Wirtschaftlichkeit definieren,
> - Kapitalbedarf berechnen,
> - Finanzierung sichern.

Sie sollten sich konkrete Gedanken über notwendige Investitionen und deren Kosten gemacht haben, ehe Sie einem Repräsentanten Ihrer Bank gegenüber sitzen und dessen akribische Fragen nach Kapitalbedarf, Zinskosten, Kreditvolumen, erwarteten Umsatz und ähnlich spröden Themen beantworten müssen. Machen Sie sich mit Betriebswirtschaft vertraut, lernen Sie die Begriffe Rentabilität und Liquidität kennen, ehe Sie sich mit dem Vertreter der Bank treffen. Vor allem, lassen Sie sich beraten, wie eine Wirtschaftlichkeitsrechnung aussieht, mit der sich Ihre Marktchancen in etwa berechnen lassen. Diese Erfolgsrechnung, die auf der Basis der Umsatzerwartung signalisiert, ob sich das Unternehmen auch „rechnet" und ob Sie auf Ihre Kosten kommen, ist von größter Bedeutung für Sie und Ihre Geldgeber.

Informieren Sie sich im Vorfeld der Existenzgründung darüber, welchen Markt Sie bedienen, was an Einkünften zu erwarten ist, wie man Preise kalkuliert, welche Kosten durch die Freiberuflichkeit und die Leistungserbringung entstehen. Gerade für das

2. Wirtschaftlichkeit definieren

Gespräch mit Kreditfachleuten sollten Sie eine gehörige Portion an Grundwissen mitbringen.

> Suchen Sie das kostenlose Gespräch mit einem Kreditsachbearbeiter, holen Sie sich die einschlägigen Unterlagen dazu, auch wenn Sie keinen Kredit aufnehmen wollen oder müssen. Viele Gründungswillige haben die eindringlichen Fragen der Bankfachleute zu Kosten und Umsätzen wieder auf den Boden der Tatsachen gebracht.

Die Finanzplanung umfaßt, neben der Erfolgs- oder Wirtschaftlichkeitsrechnung, die Planung der für die Gründung und den laufenden Betrieb des Unternehmens notwendigen Investitionen, die Aufstellung der anfallenden Kosten sowie der Gelder, mit denen dies finanziert werden soll und woher diese Gelder kommen könnten.

> **Finanzmittelplanung**
>
> - Wirtschaftlichkeit definieren: Erfolgsrechnung
> - Kapitalbedarf berechnen: Investitions- und Kostenplanung
> - Finanzierung sichern: Finanzierungsplanung

2. Wirtschaftlichkeit definieren: Erfolgsrechnung

Die Erfolgsrechnung (= Rentabilitätsberechnung) stützt sich auf die monetären Erfolge, die sich aus der erwarteten Umsatzentwicklung abzüglich der entstehenden Gesamtkosten ergeben.

> Bei der Rentabilitätsberechnung werden die erwarteten Erträge in Relation zu den eingesetzten Kosten gesetzt. Rentabel ist eine wirtschaftliche Tätigkeit, wenn sie über die verursachten Kosten hinaus eine Verzinsung des eingesetzten Kapitals erbringt.

3. Kapitaleinsatz richtig planen

Diese finanziellen Erfolge sind nicht nur für die Banken bei der Kreditvergabe von großem Interesse. Wegen Zweifel an der Wirtschaftlichkeit der Unternehmensgründung werden bei 75 % der Darlehensanfragen Absagen erteilt!

Auch Sie selbst sollten wissen, ob sich Ihre Bemühungen um eine Existenzgründung „auszahlen", ob Sie mit dem zu erwartenden Verdienst über die Runden kommen, ohne Verluste zu erleiden. Sie sollten auf Ihre Kosten kommen, inklusive eines angemessenen Betrages für Ihre Lebensführung, denn Sie können es sich sicher nicht auf Dauer leisten, ein Wohltäter der Menscheit zu sein. Zu einer Umsatzerwartung kommt man durch

- Einsetzen branchenüblicher Werte,
- Umfragen bei der Konkurrenz,
- eigene Erfahrungen.

> Ein wichtiger Tip für Leute, die den Umgang mit Preisen und Kosten weniger gewohnt sind: Wenn Sie Ihre erwarteten Umsätze aufstellen, so setzen Sie mindestens Ihre Gesamtkosten als Untergrenze an. Sonst lügen Sie sich in Ihre eigene Tasche und beuten sich selbst aus.

3. Kapitalbedarf berechnen: Investitions- und Kostenplanung

Zur Finanzplanung gehört als fundamentaler Bestandteil die Aufstellung der notwendigen Investitionen sowie der für die Gründung und weitere Unternehmensführung zu erwartenden Kosten sowie die Ausarbeitung eines Investitions- und Kostenplanes.

> Unter Investitionen wird das Anlegen von realen Geldmitteln in Produktionsmittel verstanden. Ihr Schreibtisch mit PC bis hin zu notwendigen Maschinen gehört dazu.

3. Kapitalbedarf berechnen

Da Umfang und Art der Investitionen stark von der Art Ihrer Unternehmung abhängen und es zu diesem Thema ausführliche Literatur und auch kostenlose Broschüren gibt, wird nicht weiter auf den Investitionsplan eingegangen (siehe hierzu „Weiterführende Literatur" auf Seite 170 ff.). Nur ein Rat: Begrenzen Sie die Ausgaben auf das Nötigste, trennen Sie das Nützliche und unbedingt Erforderliche von Wunschvorstellungen. Andererseits sollten Sie auch nicht am falschen Platz sparen und dadurch Ihre eigene Arbeitsleistung lähmen.

Checkliste: Investitionsbedarf

- Gründungskosten: Anmeldungen/Genehmigungen/ Einträge/Beratungen
- Grundstücke/Gebäude
- Maklerprovision
- Mietkaution
- bauliche Investitionen
- Neuanschaffungen/Ablöse: Erstausstattung mit Waren, Maschinen, Geräten o.ä./Büroausstattung/evtl. Fahrzeuge
- Eröffnungswerbung
- Sicherheitsreserve

Kosten treten in den verschiedensten Formen auf, abhängig von der Art der Aktivitäten und der dadurch bedingten Investitionen.

3. Kapitaleinsatz richtig planen

> **Checkliste: Kosten**
>
> - Fixkosten wie Mitarbeiter/Gehälter, Miete/Pacht/Nebenkosten, Versicherungen, Beiträge/Gebühren, Steuern, Fahrzeugkosten, Werbung/Markteinführungsaufwand, Reisekosten, Wartungen/Reparaturen, Bürobedarf/Fachbücher, Telefon/Fax, Porti, Steuerberater/Unternehmensberater
> - variable Kosten
> - Waren bzw. Erstausstattung
> - Gründungskosten
> - Abschreibungen

Buchführung: das Stiefkind der Freiberufler

Buchführung oder Buchhaltung wird gerne als lästige Zeitverschwendung vernachlässigt. Lieber gibt man sich mit Ideen ab, als mit dem mühseligen Sammeln und Aufbereiten von Belegen.

Freiberufler sind nicht zur ordnungsgemäßen Buchführung verpflichtet, sie haben nur Aufzeichnungen zu führen, die ihre Ausgaben und Einnahmen erfassen. Ihre Vermögenslage müssen sie dabei nicht sichtbar machen.

> Die Einnahme-Überschuß-Rechnung sollte mit Sorgfalt erledigt werden, um die eigene Kontrolle und Übersicht zu verbessern. Auch wenn Sie keine doppelte Buchführung machen müssen, ohne Belege kann Ihr Steuerberater nicht arbeiten. Belege daher immer aufbewahren, nicht zuletzt auch als Beweismittel bei Auseinandersetzungen jeglicher Art.

Um die Grundlage zur Bemessung der Einkommensteuer zu legen, schreibt das Steuerrecht auch dem Freiberufler vor, den Überschuß aus seiner oder ihrer Tätigkeit zu ermitteln. Das kann in der Form der einfachen Einnahme-Überschuß-Rech-

3. Kapitalbedarf berechnen

nung geschehen und hat den Vorteil, daß lediglich die bereits enthaltenen Entgelte der Einkommensteuer unterliegen, nicht aber die laufenden Forderungen.

Einnahme-Überschuß-Rechnung (Muster)		
Posten	**Betrag**	**Anmerkungen**
Miete		
Nebenkosten		
Strom		
Reinigung		
Telefon		
Porti		
Kopierkosten		
Fahrtkosten, KFZ-Kosten und -Versicherung		
Beiträge (Berufsverband etc.)		
Fachliteratur		
Fortbildung und Information		
Beratung		
Bürobedarf (inkl. Reparaturen)		
Investitionen (mit Abschreibung, z.B. KFZ, größere Einrichtungsgegenstände)		
Investitionen (ohne Abschreibungen, z.B. Aufwendungen für Einrichtungen bis 800 DM, sog. geringwertige Wirtschaftsgüter)		
Lohnkosten		

3. Kapitaleinsatz richtig planen

Posten	Betrag	Anmerkungen
Steuerberatung		
Präsentation/Werbungskosten		
Zins und Kontenführung		
Krankenversicherung		
Rentenversicherung		
Ausfallrücklage		
Lebensversicherung		
Personalkosten		
Fremdleistungen (z.B. Putzfrau, Schreibarbeiten etc.)		
Steuern		
= Summe 1		
Einnahmen und Forderungen		
Honorare		
Verkäufe		
Vergütung		
= Summe 2		

Gewinnermittlung

Rentabel ist eine wirtschaftliche Tätigkeit, wenn sie über die verursachten Kosten (Summe 1) hinaus eine Verzinsung des eingesetzten Kapitals (Rendite) erbringt. Kurzfristig muß zumindest der Deckungsbeitrag gegeben sein, d.h. Erlös (Summe 2) und Kosten der Tätigkeit heben sich auf.

Längerfristig kann man als Selbständige(r) wirtschaftlich nur dann überleben, wenn man einen ausreichenden Gewinn mit seiner Tätigkeit erzielt, der Erlös also größer ist als die gesamten Kosten und man von diesem Überschuß seinen Lebensunterhalt bestreiten kann. Man spricht hier von einem „positiven Deckungsbeitrag".

Zieht man die Summe der Ausgaben (netto, unter Berücksichtigung der Steuerminderungen) von der Summe der Einnahmen ab (eingenommene Mehrwertsteuer abziehen; derzeitiger Steuersatz: 16 %), erhält man den Gewinn, der der Besteuerung unterliegt. Abgezogen werden Einkommensteuer, Solidaritätszuschlag und gegebenenfalls die Kirchensteuer.

Dieser Endbetrag muß nun auf die geleisteten Arbeitsstunden umgelegt werden, um den Nettostundenlohn zu erhalten. Hier naht die Stunde der Wahrheit, ob Sie Selbstausbeutung betreiben oder für Ihren Einsatz auch die adäquaten Früchte ernten. Natürlich wird in der Anfangsphase der Nettolohn nicht umwerfend sein, aber nach einer Durststrecke sollte schon ein zufriedenstellender Verdienst warten.

> Sie sollten wissen, wieviel Sie mit Ihrem Unternehmen erwirtschaften müssen, um zumindest ein unterhaltssicherndes Mindesteinkommen, den „kalkulatorischen Unternehmerlohn", zu erreichen. Legen Sie im Vorfeld der Gründungsüberlegungen ein Haushaltsbuch an und berechnen Sie Ihr Existenzminimum – aber nicht zu gering!

Um zu sehen, ob Ihr Unternehmen erfolgreich arbeitet und Sie unter dem Strich auf Ihre Kosten kommen, d.h. ein „Unternehmergehalt" erzielen, sollte Ihnen eine solche Rentabilitätsberechnung nicht fremd sein.

4. Finanzierung sichern: Finanzierungsplanung

Unternehmerischer Erfolg ist nicht käuflich. Geld kann Geist und Identifikation mit dem eigenen Gründungskonzept niemals ersetzen. Aber ohne Geld ist ein Unternehmensstart so gut wie unmöglich.

3. Kapitaleinsatz richtig planen

In Untersuchungen wird nach wie vor festgestellt, daß es Existenzgründern häufig am Startkapital mangelt, um ihre Ideen in marktfähige Angebote umzusetzen. 84 % der Kreditanfragenden bei der Deutschen Ausgleichsbank, der Existenzgründerbank des Bundes, scheitern an zu wenig Eigenkapital!

Ein solides Konzept zur Finanzierung des Unternehmens stellt einen Grundpfeiler des Gründungskonzeptes dar. Dazu braucht man eigenes Geld und Partner, die Mittel zur Verfügung stellen. Zu den Finanzmitteln zählen das Eigenkapital und das Fremdkapital.

> Achten Sie auf Ihre Liquidität durch einen genügend hohen Kassenbestand, Bankguthaben und Barmittel.

Eigenkapital

Zunächst stellt sich die Frage nach dem vorhandenen Eigenkapital:

- Von wem wird es aufgebracht, und in welcher Höhe ist es erforderlich?
- In welcher Form und Größenordnung ist es überhaupt vorhanden (Ersparnisse, Beteiligungen von Freunden und Verwandten, tätige Teilhaber)?
- Welches Privatvermögen ist über das unmittelbare Gründungskapital hinaus noch vorhanden?

Sämtliche verfügbaren Finanzmittel müssen dazu aufgelistet werden. Das eigene Sparbuch, das Versprechen der Oma, ein paar Groschen beizusteuern, Eltern, die einspringen oder Freunde, die Geld leihen können.

Eigenkapital gibt Sicherheit und macht unabhängig. Mindestens 15 bis 20 % der Investitionskosten sollten als Eigenmittel eingesetzt werden. Die Eigenmittel haben folgende Funktion:

- Sie reduzieren den notwendigen Bedarf an Fremdkapital.
- Sie sind ein Sicherheits- und Risikopolster.
- Sie dienen als Kriterium der Kreditwürdigkeit.

4. Finanzierung sichern

Fremdkapital

Quelle des Fremdkapitals sind in der Hauptsache die Kreditinstitute. Sie vergeben längerfristige Darlehen – meist für den Erwerb von Grundstücken, Gebäuden, Maschinen oder anderen Gegenständen des Anlagevermögens – und/oder räumen kürzerfristige Kontokorrent- bzw. Lieferantenkredite ein.

Weitere Quellen können die staatlichen Existenzgründungsdarlehen sein. Informieren Sie sich sobald wie möglich, welche öffentlichen Fördermittel es gibt und welche Ihnen möglicherweise zustehen. Nützliche Hinweise finden Sie auf Seite 91 ff.

Wichtig ist es auch, im Vorfeld abzuklären:

- Welche Sicherheiten kann ich dem Kreditinstitut bieten?

- Sind Wertgegenstände oder Immobilienbesitz vorhanden, ist jemand aus dem Freundes- oder Familienkreis zu einer Bankbürgschaft bereit?

Bei 75 % der Existenzgründungswilligen wurden fehlende Sicherheiten als Ursache für eine Ablehnung des Darlehensantrags angegeben!

Mit Banken clever verhandeln

Kreditinstitute handeln bei der Vergabe von Krediten meist nach einem festen Schema, das die folgenden „fünf W" umfaßt. Es sind Fragen, die Sie zur Kreditvergabe beantworten müssen und am besten mit guten Materialien (= Unternehmenskonzept, siehe Seite 99 ff.) unterlegen. Wenn Sie

- es schaffen, eine Vertrauensbasis zu Ihrer Bank aufzubauen,

- gekonnt eine Finanzierungsstrategie vorschlagen,

- den richtigen Verhandlungszeitpunkt erwischen und

- den berechtigten Informationswünschen der Bank nicht mit Mißtrauen begegnen, steht einer Finanzierung Ihrer Gründungspläne (fast) nichts mehr im Wege. Denn die großen Geschäftsbanken sind nicht allzu begeistert, wenn sie sich in Ihrem Namen um Gelder aus Förderprogrammen für Existenzgründer bemühen sollen. Dazu sehen sich eher die Sparkassen und ähnliche Kreditinstitute verpflichtet. Am besten Sie haben mehrere Bankverbindungen, die Sie bereits vor der Gründung aufbauen!

Besonders für „sozialpädagogische Gründungen" gilt, daß die Gründungswilligen ihr unternehmerisches Denken und Handeln explizit herausstellen. Gehen Sie gut vorbereitet in Ihr Kreditgespräch, treten Sie sicher und selbstbewußt auf und versetzen Sie sich auch in die Lage Ihres Gesprächspartners, der nicht riskieren will, einen „faulen" Kredit auszureichen. Beharren Sie auch auf öffentliche Fördermittel, die die Banker natürlich nicht so gerne anbieten wie ihre eigenen Kreditprogramme.

Die „fünf W" im Kreditgespräch
• Wer: Person des Unternehmers
• Wieviel: Kredithöhe
• Wofür: Zweck des Kredits
• Wie lange: Laufzeit des Kredits
• Wogegen: Kreditsicherheiten

Sehr schnell werden Jungunternehmer von den Darlehensgebern ohne Beratung und Begleitung allein gelassen. Bleiben Sie am Ball und bemühen Sie sich um weitergehenden Service, nachdem Sie Ihre Unterschrift unter die Kreditverträge gesetzt haben.

Vorteil der Inanspruchnahme von Darlehen und Bürgschaften:

Durch die harte Selektion ist gewährleistet, daß die Vorbereitung gründlich war, die Risiken gut durchdacht wurden und dadurch ein hoher Grad an Überlebenschancen gegeben ist.

Nachteil:

Oft wird übersehen, daß die Gelder zurückbezahlt werden müssen.

5. Beratungsmöglichkeiten und Fördermittel

Fachmännischer Rat ist wichtig!

Grundsätzlich gilt: Fachmännischer Rat ist für Existenzgründer wichtiger als Subventionen. Bei der Frage nach der Finanzierung einer Existenzgründung, speziell im Bereich Sozialer Arbeit, muß ganz klar zwischen der Unternehmensgründung an sich und der fortlaufenden Arbeit unterschieden werden. Hier liegt ein großer Unterschied zu den rein kommerziellen Angeboten, da deren laufende Finanzierung nur in den selteneren Fällen über öffentliche Gelder wie Kinder- und Jugendhilfegesetz oder Leistungen von Pflegeversicherungen und Krankenkassen abgedeckt wird.

Die Sicherung Ihrer laufenden Gelder über die direkte Bezahlung durch Ihre Kunden oder durch indirekte Bezahlung über staatliche oder private „Mittlerstellen" sollten Sie in der Analysephase bereits abgeklärt haben. Ihre Idee kann noch so gut sein – wenn sie nicht entsprechend mit Geld honoriert wird, taugt sie nicht als Geschäftsgrundlage, höchstens für eine ehrenamtliche Betätigung. Sie müssen von Ihren Einkünften leben können, und diese müssen langfristig sichergestellt sein.

> Die öffentlichen Fördermittel umfassen die Vergabe von Darlehen und Bürgschaften sowie die Beratungsförderung.

3. Kapitaleinsatz richtig planen

Beratung als Informationsmanagement in eigener Sache

Nicht alle LeserInnen werden das nötige Know-how haben, um die Marktposition ihres Angebotes realistisch abzugrenzen, die Wirtschaftlichkeit abzuschätzen, die Potentiale auszuloten und einen Finanzierungsplan zu erarbeiten.

Auf die besonders wichtige Funktion des (sozialen) Netzwerkes wurde mehrfach hingewiesen. Der tägliche Kontakt mit Freunden, Bekannten, (ehemaligen) Kollegen, Gleichgesinnten, Erfahrungsträgern, möglichen Partnern, Kunden oder Käufern, dem Markt generell, hat fundamentale Bedeutung.

Dazu muß die fundierte professionelle Beratung kommen, die von amtlichen Stellen immer mehr angeboten wird, ohne die Gründer nicht sehr weit kommen. Auch Wirtschaftsprüfer, Steuerberater, Rechtsanwälte und Standesvertretungen sollten konsultiert werden.

Aber schon die Suche nach diesen Informations- und Beratungsinstanzen stellt die Jungunternehmer auf eine harte Probe, da diese Suche ein hohes Maß an Eigeninitiative und Eigenaktivität erfordert, an Offenheit, Kreativität und Ausdauer. Wer die Suche erfolgreich überstanden hat, konnte somit bereits wichtige Schlüsselqualifikationen erproben.

Was wird gefördert?

- Beratung in der Analyse- und Gründerphase zur Existenzgründung

- Beratungen zur Unternehmensführung innerhalb der ersten zwei Jahre zur Existenzsicherung

---

Ehe Sie sich an eine Beratungsstelle wenden, sollten Sie sich mit Grundwissen wappnen. Dieses sollte vorhanden sein, um die Beratung als richtig oder weniger hilfreich einschätzen und gezielte Fragen stellen zu können.

5. Beratungsmöglichkeiten und Fördermittel

In der Anfangsphase Ihrer Überlegungen verhindert eine Expertenberatung einen Teil der typischen Vorbereitungsfehler. In der Phase, in der Ihr Unternehmen noch in den Kinderschuhen steckt, minimiert eine gründliche Beratung zur Existenzsicherung Ihre unternehmerischen Fehlentscheidungen.

Phasen der Beratung

- Als erstes erfolgt ein Kontaktgespräch, um auszuloten, ob Sie den richtigen Berater gefunden haben.
- Ist dies der Fall, schließen Sie während des folgenden Beratungsgespräches einen Beratungsvertrag über die konkreten Leistungen zur Gründungsplanung (z.B. Konzepterstellung, Marktanalyse, betriebswirtschaftliche Beratung, Finanzplanung, Marketing, die kritische Überprüfung bestimmter Teilbereiche, Begleitung bei Kreditverhandlungen), die Dauer und vor allem die Kosten der Beratung, den Umfang eines abschließenden Berichtes sowie ein eventuelles begleitendes Coaching während der ersten Unternehmensphase.
- Erbringen der verabredeten Leistungen
- abschließender Beratungsbericht
- gegebenenfalls andauernde beratende Begleitung (Coaching)

Beispiel für eine kostenlose Beratungsstelle:

Das Büro für Existenzgründungen, BfE München, ist eine Kooperation zwischen dem Arbeitsamt München und der gemeinnützigen Gesellschaft für Gründungsberatung mbH. Es steht sowohl vor der Neugründung als auch während und nach der Startphase Freiberuflern und Gewerbetreibenden mit Rat und Tat zur Seite. Es bietet Vortragsveranstaltungen zu grundlegenden Themen an, Seminare und Einzelberatungen sowie einen UnternehmerInnen-Abend (Adresse siehe Seite 161).

3. Kapitaleinsatz richtig planen

Beratung auch zur Existenzsicherung

Nach der heißen Startphase bleibt noch genügend Beratungsbedarf, um nachhaltigen Erfolg zu haben. Die offizielle Unterstützung wird zu schnell zurückgefahren bzw. wird nicht mehr in ausreichendem Umfang wahrgenommen, wie die Zahl der gescheiterten Gründer zeigt. Der Staat kann nicht das Eigenengagement ersetzen noch das Eigenrisiko der Gründer völlig übernehmen!

Beispiel einer Existenzsicherungsberatung:

Diese o.g. „Beratungslücke" in den Jahren nach der Gründung wird in München als neuer Service für junge Unternehmer als Coaching in der Aufbauphase angeboten. Dazu hat die Stadt und das Arbeitsamt die VSW – VerbundStrukturWandel GmbH gegründet. Das erste Beratungsgespräch mit einer Kurzanalyse ist kostenlos, für Folgeberatungen werden Gebühren erhoben, die allerdings unter den Sätzen freier Unternehmensberater liegen (Adresse siehe Seite 160).

Existenzgründungsberatung: wann Zuschüsse?

Für Beratungsleistungen stehen Fördermittel zur Verfügung. Bevor Sie diese Mittel beantragen, sollten Sie folgendes wissen:

- Eine Existenzgründungsberatung kann nur vor der Gründung einer selbständigen gewerblichen oder wirtschaftsnahen freiberuflichen Existenz in Anspruch genommen werden.

- Sie müssen mit einem zuverlässigen und fachlich versierten Wirtschaftsberater einen Vertrag schließen. Zu den hierfür in Rechnung gestellten Kosten erfolgt ein Zuschuß von maximal 60 % des Rechnungsbetrages. In keinem Fall beträgt der Zuschuß mehr als 3000 DM.

- Zuschußfähig sind nicht nur die Beraterhonorare, sondern auch die Auslagen und Reisekosten des Beraters, ausgenommen die Umsatzsteuer.

5. Beratungsmöglichkeiten und Fördermittel

- Bevor Sie die Beratungskosten nicht in voller Höhe bezahlt haben, kann ein Beratungskostenzuschuß auch nicht gewährt werden!

- Beratungszuschüsse werden nicht gewährt, wenn Sie die sogenannte Ausschlußfrist nicht einhalten. Dies bedeutet: Anträge müssen spätestens bis zum 31.5. des auf den Beginn der Beratung folgenden Jahres eingereicht werden.

Mittlerweile haben einige weitere Arbeitsämter Büros für Existenzgründungen eingerichtet oder bieten ähnliche Beratungen, die nicht nur Arbeitslose kompetent, umfassend und kostenlos beraten und begleiten. Fragen Sie Ihr zuständiges Arbeitsamt danach, auch gezielt nach weiterführender Beratung! Adressen siehe Seite 161.

Förderprogramme und Finanzierungshilfen

Öffentliche Förderung erhält ein Existenzgründer dann, wenn er ein überzeugendes Unternehmenskonzept vorlegt, in dem auch das kalkulierbare Risiko dokumentiert wird und wenn die fachliche Qualifikation des Unternehmers als gegeben angesehen wird.

Aber Vorsicht: Die Jagd nach den Förderprogrammen und Finanzierungshilfen kann die eigentliche Arbeit behindern und Kräfte lähmen, die eher für die kreative Arbeit benötigt werden. Andererseits, das Zuschußwesen ist den Mitarbeitern von den Non-Profit-Organisationen vertraut. Außerdem ist es eine gute Übung, sich hartnäckig mit dem Paragraphendschungel und Bestimmungswirrwarr auseinanderzusetzen!

Die Programme im einzelnen entnehmen Sie bitte den einschlägigen und umfangreichen Unterlagen der jeweiligen Ansprechpartner (Adressen siehe Seite 159 ff.). Sie klären mit Ihnen Ihre Anspruchsvoraussetzungen, Bedingungen und aktuelle Konditionen in einem individuellen Beratungsgespräch, in das Sie allerdings schon gut vorbereitet hineingehen sollten!

3. Kapitaleinsatz richtig planen

Anbieter von Förderprogrammen

Die Förderlandschaft mit der breiten Palette der Förderangebote ist ziemlich unübersichtlich, es fehlen Informationen über „den richtigen Weg zu den richtigen Töpfen".

Beratung und Finanzmittel für Existenzgründungsförderung werden im Grunde von drei Instanzen angeboten:

- Staat
- Ländern und Kommunen
- Banken und Sparkassen.

Die fünf Säulen der staatlichen Förderangebote

- Beratungsangebote und Veröffentlichung von Informationsmaterialien
- Eigenkapitalhilfe
- Kreditvergabe
- Übernahme von Bürgschaften
- Außenwirtschaftsförderung

Durch die Deutsche Ausgleichbank (DtA), der „Gründerbank des Bundes", werden staatliche Mittel vergeben. Das Problem ist allerdings, daß die DtA für Existenzgründer oft schlecht zu erreichen ist und zudem für die Antragstellung meist an die Hausbank verweist („Hausbankprinzip").

- In der Regel dürfen wirtschaftliche Förderungen des Bundes nur einmal beantragt werden.
- Bei manchen Programmen sind Heilberufe ausgenommen.
- Die Gründung darf zum Zeitpunkt der Antragstellung noch nicht begonnen haben (Vorbeginnklausel).

5. Beratungsmöglichkeiten und Fördermittel

Förderprogramme der Länder und Kommunen

Auch Kammern und Verbände sowie die örtlichen Arbeitsämter erteilen Auskünfte, geben Informationen und veranstalten Schulungen.

Weitere Informationen, auch zu den Angeboten der Bürgschaftsbanken, erhalten Sie bei den Wirtschaftsministerien Ihres Bundeslandes bzw. Ihrer Kommune.

Finanzierung durch Banken und Sparkassen

Existenzgründer fallen aus der Förderung der privaten Kreditinstitute heraus, sofern die Kreditsumme weniger als 100 000 DM beträgt. Erst ab dieser Größenordnung wird ein Gründer für Banken interessant, auch wenn er nach den Kriterien der DtA durchaus förderungswürdig wäre.

Sparkassen kommen als Finanzpartner eher in Frage, denn sie müssen ihrem öffentlichen Auftrag nachkommen. Auch sind diese Geldinstitute eher bereit, Anträge auf staatliche Finanzierungen zu bearbeiten. Erkundigen Sie sich auch hier nach Bürgschaften von Bürgschaftsbanken.

Überzeugendes Unternehmenskonzept „auf die Beine stellen"

1. Konzept sinnvoll erstellen 100
2. Elemente und Phasen der Konzepterstellung 104
3. Inhalte des Unternehmenskonzepts 105

1. Konzept sinnvoll erstellen

Bei der Ausarbeitung und Beschreibung des Konzeptes geht es um die möglichst eigenständig erarbeitete Gründungsidee, wie sie von der oder den Gründerperson(en) geprägt wird, welche Angebote geplant sind, wie die Umsetzung in die Tat erfolgen und wie sie finanziert werden soll, welches Ergebnis erwartet wird und wie eine Überprüfung aussehen soll. Es sollten allerdings auch Überlegungen für die erste Zeit des Jungunternehmens, die Existenzsicherung, angestrengt werden. Dazu ein kurzer Überblick über die Phasen der Existenzgründung:

- Vorbereitungsphase
- Gründungsphase
- Phase der Existenzsicherung

Diese Phasen gehören zum Kontext der Konzepterstellung, die den Zeitraum von der Idee bis hin zur Überprüfung ihrer Realisierung umspannt.

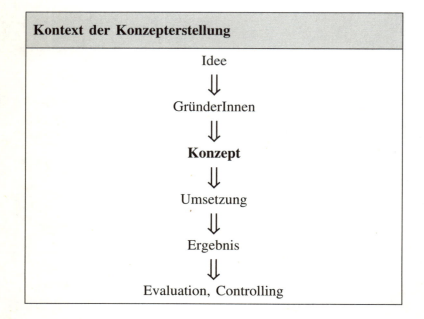

1. Konzept sinnvoll erstellen

Das Konzept als Grundstein des Erfolges

Ein umfassendes und ausgereiftes Konzept, das auf einer gründlichen Recherche beruht, ermöglicht eine realistische Einschätzung und verhindert dadurch manche Flops und Enttäuschungen. Im Konzept sollte eine Marktübersicht enthalten sein, die realistische Marktchancen belegt, sofern dies sorgfältig recherchiert wurde. Eine gründliche Vorarbeit lohnt in jedem Fall, denn nur so läßt sich eine gute Grundlage schaffen. Wie beim Hausbau ist der Plan die unabdingbare Voraussetzung für ein gelungenes Bauwerk.

Gut geplant ist halb gewonnen.

Konzept schriftlich fixieren

Sie wissen: Erfolg ist, wenn Vorbereitung auf Chance trifft. Die gründliche und – soweit möglich – selbsterarbeitete Fassung eines Unternehmenskonzeptes ist ein ganz wichtiger Baustein dazu.

Es kann daher nicht oft genug wiederholt werden: Die Grundlage für den Erfolg ist allerdings nur dann gegeben, wenn man es eigenständig erdacht, erarbeitet und formuliert hat. Das Konzept muß in den Grundlagen zuerst durch den eigenen Kopf gegangen sein und den eigenen Gedanken entsprungen sein. Es sollte besser nicht von „Beratern" erstellt werden. Von diesen sollte allerdings begleitende Hilfestellung im Laufe der eigenen Überlegungen eingeholt werden, um das Konzept zu optimieren und auf Unstimmigkeiten zu überprüfen.

Nur der Existenzgründer, der schriftlich sämtliche Entwicklungen seiner Gedanken formuliert, seine Ideen in allen Stadien festhält, der mit jedem neuen Wort versucht, das Konzept immer präziser und konkreter werden zu lassen, wird am Ende dieses Denk- und Schreibprozesses wirklich Klarheit über sein Vorhaben und dessen Realisierbarkeit besitzen. (Fast) nichts ist wichtiger für eine erfolgreiche Unternehmensgründung als dieser schriftlich festgehaltene Entwicklungsprozeß, an dessen Ende der (wörtlich zu nehmende) Ausdruck des Unternehmenskonzeptes steht.

Funktionen des Konzepts

Die (schriftliche) Ausarbeitung eines Konzeptes hat mehrfache Funktionen, denn es zeigt Wirkungen nach innen auf die Gründerperson sowie nach außen auf die unterschiedlichen Verhandlungspartner.

Identifikationsgrundlage

Identifizieren kann man sich letztlich nur mit Ideen, die man selbst gefunden und für gut empfunden hat, nicht mit solchen, die einem von anderen aufgedrängt wurden. Lassen Sie sich nicht dazu verleiten, sich von subventionierten Existenzgründungsberatern ein Exposé erstellen zu lassen, um schnell an Staatsgelder zu gelangen. Ein derartiges „Gefälligkeitsgutachten" ist meist auf Sand gebaut und wird von den Kreditgebern leicht durchschaut. Ehrlich währt am längsten, idealerweise sollten Sie mit der Geschäftsidee und deren Beschreibung das Fundament für Ihr „Lebenswerk" setzen.

Argumentationshilfe und Qualifikationsmerkmal nach innen und außen

Eine wichtige Funktion liegt darin, daß das Konzept als interne wie externe Argumentationshilfe und Legitimation dient.

Intern – also Ihnen selbst – hilft das schriftlich vorliegende Konzept, etwaige Durststrecken und Zeiten der Verzweiflung besser zu überstehen und das Selbstbewußtsein zu heben. Denn das ausgearbeitete Konzept dokumentiert die konkreten Zielvorstellungen und motiviert sozusagen als interner „Arbeitsbefehl", das Projekt weiter voranzutreiben.

1. Konzept sinnvoll erstellen

Nach außen verhilft ein ansprechend gestaltetes Konzept, allen Interessierten, Beratern, möglichen Partnern und Unterstützern das Konzept sichtbar vor Augen zu führen.

Ein Konzept, das in schriftlicher Form vorliegt, kann als Qualifikationsmerkmal der angebotenen Arbeit genutzt werden. Es dient als Präsentationsgrundlage mit Außenwirkung nicht nur bei den bereits genannten Stellen, sondern auch beispielsweise beim Steuerberater zur Erlangung eines Überbrückungsgeldes vom Arbeitsamt. Ihre zukünftigen Kunden werden sich dafür interessieren und nicht nur Ihre Kooperationspartner. Auch für die Teilnahme an Wettbewerben für Existenzgründer sollte ein durchdachtes und schriftlich fixiertes Konzept vorliegen.

Konzept als Business-Plan

Die Notwendigkeit, ein gut ausgearbeitetes Konzept als einen sogenannten Business-Plan (Exposé) vorzulegen, wird zumindest immer dann gegeben sein, wenn Sie einen Kreditantrag stellen oder andere Finanzquellen auftun müssen.

Das Konzept dient zur Vorlage beim Kreditinstitut, von dem eine Finanzierung benötigt wird. Es empfiehlt sich, den Geschäftsplan (das Konzept) so gründlich wie möglich vorzubereiten, denn er ist das A und O, um die Geldgeber zu überzeugen.

Auf eine gezielte Frage eines Bankfachmannes sollten Sie eine wohldurchdachte Antwort haben, d.h., sich schon ausführliche Gedanken dazu gemacht und diese schriftlich fixiert haben. Auch sollte aus dem Exposé hervorgehen, daß Sie über den Tellerrand schauen und sowohl Ihre Konkurrenz im Visier als auch über die Zukunftsperspektiven nachgedacht haben.

Im Zusammenhang mit dem Antrag auf öffentliche Fördermittel ist das Gründungskonzept ebenfalls von großer Bedeutung. Nach dem Motto, „man bekommt nur einmal die Chance des ersten Eindrucks" sollte das Gründungskonzept sehr sorgfältig ausgearbeitet sein, denn die meisten der öffentlichen Förderungen erhält man nur einmal. Nachbesserungen aufgrund von

Fehlkalkulationen werden üblicherweise nicht mehr berücksichtigt (siehe auch Seite 96).

2. Elemente und Phasen der Konzepterstellung

Ein Konzept läßt sich nicht über Nacht erarbeiten, lassen Sie sich Zeit, gehen Sie sorgfältig nach Plan vor, um Ihre Gedanken zu strukturieren. Zu einer Konzepterstellung gehören folgende wesentlichen Elemente:

- Inhalt: Was will ich erreichen?
- Ausmaß: Wieviel möchte ich erreichen?
- Zeitlicher Rahmen: Wann will ich es erreicht haben?
- Methode: Wie will ich es erreichen?
- Partner: Mit wem zusammen will ich es erreichen?
- Vorgehensweise: Was muß alles getan werden, um das Ziel zu erreichen?

Die Konzepterstellung verläuft in vier Phasen, die Sie bewußt unterscheiden sollten. Fangen Sie erst eine neue Phase an, wenn Sie die vorhergehende eindeutig abgeschlossen haben. Diese Phasen sollen Ihnen als roter Faden dienen und Ihre Gedanken strukturieren helfen.

Phasen der Konzepterstellung

- Analysephase
- Konzeptionsphase/Gestaltungsphase
- Realisierungsphase
- Kontrollphase

---

3. Inhalte des Unternehmenskonzepts

Die Analysephase ist nun abgeschlossen, Sie treten mit der Erarbeitung des Unternehmenskonzepts in die Konzeptions- oder Gestaltungsphase ein, bevor Sie in der Realisierungsphase Ihr Konzept in tatsächliche Aktionen umsetzen.

Das Unternehmenskonzept besteht aus einzelnen Teilkonzepten, die im folgenden beschrieben werden.

> Das Gesamtkonzept ist mehr als die Summe der Teilkonzepte!

Je nach Art Ihres Unternehmens können die einzelnen Teilkonzepte verschiedene Gewichte haben, manche (noch) nicht zur Realisierung anstehen.

Sie sollten allerdings wohlüberlegt sein. So tun Sie gut daran, sich Gedanken beispielsweise über Formen von Kooperationen zu machen, auch wenn Sie eine Partnerschaft in absehbarer Zeit nicht planen.

Die einzelnen Teilkonzepte beschäftigen sich mit der ausführlichen Darstellung der Gründungsidee, dem „besonderen" Unternehmensinhalt, der Beschreibung der Gründerperson und ihren Qualifikationsmerkmalen; es enthält das Marketing-Konzept, die Planung des Organisationsaufbaus, beschreibt mögliche Partnerschaften und zeigt die geplante Finanzierungsstrategie mit Investitions- und Kostenplan, Rentabilitätsberechnungen und Zukunftserwartungen.

Teilkonzepte

- Beschreibung der Gründungsidee mit Projektnamen
- Besonderheit des geplanten Unternehmensinhalts
- Gründerperson(en) mit genauen Anschriften (privat/ Geschäftsadresse), Daten und Erfahrungen

4. Überzeugendes Unternehmenskonzept

- Marketing-Konzept: Geschäftsidee und deren geplante Vermarktung inkl. Aktivitäten der Konkurrenz
- Planung des Organisationsaufbaus/Organisations- und Rechtsform des Unternehmens
- Kooperationspartner
- Investitions- und Kostenplanung
- Rentabilitätsberechnung
- Zukunftserwartungen

Sie sollten darauf achten, daß sich in den Grundsatzüberlegungen nicht alle Energien verbrauchen und nur wenig für die „Aufbauarbeit" übrig bleibt! Gehen Sie weniger nach der üblichen Art der Sozialpädagogen den Fragen nach „wer sind wir, woher kommen wir, wohin wollen wir". Dies ist Okay für die erste Phase der Überlegungen, eine konkrete Beschreibung des geplanten Arbeitsinhaltes sollte aber unverzüglich folgen.

Marketing: Erfolgreich Kunden gewinnen

5

1. Wer Kunden gewinnen will, muß gewinnend auftreten 108

2. Marketing-Strategie planen 111

3. Marktforschung: Zielgruppen eruieren 111

4. Die Instrumente des Marketing-Mix 117

5. Kunden durch persönliche Betreuung fest binden 125

6. Evaluation und Controlling im Marketing 126

1. Wer Kunden gewinnen will, muß gewinnend auftreten

Im Mittelpunkt des unternehmerischen Denkens steht die Kundenorientierung und die Umsetzung in das entsprechende Handeln. Diesen Sachverhalt drückt der Begriff Marketing aus.

Marketing ist die systematische und planvolle Erfassung und Erfüllung vorhandener und neuer Kundenwünsche zur Erreichung der Unternehmensziele.

Marketing hat zwei Komponenten, nämlich die besondere Art des Denkens sowie die daraus resultierende Methode des praktischen Vorgehens, um die unternehmerischen Angebote und Leistungen erfolgreich an die Kunden abzusetzen und sie dadurch zu binden.

Den Kundennutzen betonen

Beim Marketing – gerade im Sozialbereich – kommt es besonders auf die richtige Einstellung an, auf die grundsätzliche Hinwendung zu der unternehmerischen Grundhaltung, sich als Dienstleister für potentielle Kunden zu begreifen! Der Kundennutzen muß als Dreh- und Angelpunkt aller Marktaktivitäten gesehen werden!

Richtiges Marketing soll eine umfassende Ausrichtung des gesamten Unternehmens auf den Markt bewirken. Gerade für Neugründungen ist dies von besonderer Bedeutung.

- Den Kunden selbst mit seinen Bedürfnissen in den Mittelpunkt des Handelns stellen.
- Das Unternehmen selbst mit den Augen der Kunden betrachten.
- Den Kundennutzen definieren und die Problemlösung als Dreh- und Angelpunkt aller Marktaktivitäten ansehen.
- Den Schwerpunkt von der internen Diskussion der Arbeitsinhalte auf deren wirksame Präsentation nach außen verlagern. Gerade dies müssen Sie lernen, denn „gute Arbeit verkauft sich nicht von selbst"!

1. Wer Kunden gewinnen will, muß gewinnend auftreten

Vom sozialpädagogischen Sendungsbewußtsein zur Kundenorientierung

Marketing findet im Kopf statt: Der sozialpädagogische Handlungsauftrag wird vielfach bestimmt von einem ausgeprägten Sendungsbewußtsein. An die Stelle des Gedankens an die Hilfe für den Nächsten sollten eher die konkreten Wünsche des Kunden gesetzt werden. Marketing erfordert Kundenorientierung.

Voraussetzungen des Marketing

- Zielorientiertheit/visionäres Denken
- systematisches Vorgehen
- Positionierung über das Alleinstellungsmerkmal: Profilbildung

Geschäftspläne ohne Visionen dahinter sind nicht viel wert.

Zielorientiertheit/visionäres Denken

Wichtigstes Element der Zielsetzung ist die Entwicklung einer Vision. Sie sollten sie nicht nur als Leitlinie oder Unternehmensphilosophie formulieren, sondern auch Wirklichkeit werden lassen. Dies muß die Triebkraft Ihrer Anstrengungen sein. Dazu gehört natürlich auch die Festlegung konkreter Ziele, wie es ein gutes Gründungskonzept erfordert. Je klarer man das Ziel vor Augen hat, desto größer ist die Wahrscheinlichkeit, das Ziel zu erreichen.

Nur Ziele, die klar und eindeutig sind, können als positive Verstärker wirken.

5. Marketing

> **Grundsätzliche Fragen zur Zielerreichung**
>
> - Wollen Sie mit der Gründung einen neuen Markt erschließen (innovative Gründung)?
> - Soll Ihre Unternehmung in eine bestehende Branchenstruktur eingefügt werden?
> - Oder soll Ihre Unternehmung in einer kleinen Marktnische plaziert werden?

Systematisch geplantes Vorgehen

Marketing zeichnet sich dadurch aus, daß alle Aktivitäten systematisch geplant und aufeinander abgestimmt werden. Eintagsfliegen und unüberlegte Schnellschüsse gehören nicht dazu.

> „Nichts dem Zufall überlassen": der wichtigste Marketing-Grundsatz

Positionierung über das Alleinstellungsmerkmal:
Profilbildung

Im Kapitel „Gründungsidee souverän präsentieren" wurde die Notwendigkeit der Profilbildung über das Alleinstellungsmerkmal dargestellt (siehe Seite 63 ff.).

Im Marketing kommt der Außenwirkung in Form des Auftretens in Wort und Bild (= Corporate Identity) große Bedeutung zu. Durch Marketing-Maßnahmen wird diese Besonderheit oder „Alleinstellung" zum Ausdruck gebracht.

Gerade für ein neugegründetes Unternehmen, das noch kein Image besitzt und dessen Profil am Markt erst noch geschaffen werden muß, ist eine gezielte Marktausrichtung eine unverzichtbare Aufgabe. Die Mittel und Wege werden auf den folgenden Seiten eingehend behandelt.

2. Marketing-Strategie planen

Alle gelungenen Marketing-Aktivitäten beginnen mit einer guten Strategie, denn Erfolg im Marketing setzt angesichts des raschen gesellschaftlichen Wandels immer mehr ein vernetztes Denken und Handeln voraus.

Bei der Marketing-Strategie werden die einzelnen Maßnahmen des Marketing-Mix nicht isoliert eingesetzt, sondern sinnvoll aufeinander abgestimmt.

Marketing-Aktivitäten

- Marktforschung
- Instrumente des Marketing-Mix
  - Gestaltung des Angebotes
  - Preispolitik
  - Vertriebspolitik
  - Public Relations oder Kommunikationspolitik
  - Beziehungsarbeit
- Evaluation

---

3. Marktforschung: Zielgruppen eruieren

Die Marktanalyse als Ergebnis der Marktforschungs-Aktivitäten ist einer der aufwendigsten und wichtigsten Punkte bei der Erarbeitung der Situations- und Bedarfsanalyse.

Marketing wurde definiert als die systematische und planvolle Erfassung und Erfüllung vorhandener und neuer Kundenwünsche zur Erreichung der Unternehmensziele. Marktforschung ist darin sowohl als „Erfassung" der Bedürfnisse der Zielgruppe als auch im Stichwort „neue Kundenwünsche" enthalten.

Erkundigungen über die momentane und zu erwartende Marktsituation und die Bedürfnisse seiner Teilnehmer sind essentiell, denn Informationsdefizite über das Marktgeschehen werden vielfach als Grund für Firmenpleiten genannt. Eine Idee kann noch so gut sein, aber sie braucht auch ausreichende und zahlungskräftige Abnehmer, sonst ist dem Unternehmen keine Zukunft

beschieden. Außerdem müssen die Wettbewerbssituation und Entwicklungstrends erforscht sowie ein geeigneter Standort gefunden werden. Folgende Fragen sollten Sie beantworten können:
- Gibt es für Ihr Angebot genügend Nachfrage?
- Wie groß ist Ihre Zielgruppe oder das Absatzpotential?
- Wissen Sie, wie groß Ihre Konkurrenz ist, was sie genau anbietet?
- Was wird bisher entsprechendes zu Ihrem Angebot von staatlichen Anbietern oder Trägern der freien Wohlfahrtspflege abgedeckt?

Die Untersuchungsbereiche der Marktforschung
- Zielgruppenforschung - Konkurrenzanalyse - neue Entwicklungen - Standortanalyse

Zielgruppenforschung

Im Mittelpunkt der Untersuchungen stehen Zielgruppe, Einzugsbereich, Kaufkraft, Ausgabenschwerpunkte und ähnliche Daten zu den möglichen Käufern oder Nutzern. Der Markt wird sozusagen darauf ausgelotet, ob tatsächlich die Aussicht besteht, das Angebot, das Sie als Existenzgründer planen, erfolgversprechend zu verwirklichen. Im Visier sollten Sie als erstes Ihre Zielgruppe(n) haben.

Checkliste: Zielgruppe festlegen
Die Zielgruppenforschung befaßt sich mit folgenden Fragen zur Erfassung des Käuferpotentials, für das letztendlich die Unternehmensgründung vorgenommen wird: - Wer gehört genau zur Zielgruppe (Anzahl, Geschlecht, Sozialstruktur)?

3. Marktforschung

- Wie sieht Ihr Wunschkunde aus?
- Wie viele davon können Sie erreichen?
- Über welche (Geld-)Mittel verfügt der Kunde?
- Welche Bedürfnisse hat er?
- Wie sieht sein Kundenverhalten aus?
- Braucht er das, was Sie anbieten wollen (in ausreichender Menge) überhaupt?
- Welche Informationen sind notwendig, was müssen Sie über Kunden, Nutzer, Nachfrager, Lieferanten, Multiplikatoren usw. wissen, bevor Sie sich selbständig machen?

Informationen zu diesen Fragen erhalten Sie über sogenannte „Sekundärforschung": die Auswertung bereits vorhandener Daten. Quellen können Berufs- und Branchenverbände, Industrie- und Handelskammern, Spezialbibliotheken, Forschungsinstitute oder Redaktionen großer Zeitungen und Wirtschaftsverlage sein.

Sehr kostspielig ist dagegen die erstmalige Erhebung von Daten durch die „Primärforschung" der Marktforschungsinstitute!

Bereits beim ersten Gedanken an ein eigenes Unternehmen sollten Sie sich ein „Privatarchiv" anlegen, in dem Sie einschlägige Informationen aller Art sammeln. Dazu gehören ein Notizbuch, eine Schuhschachtel oder ein dicker Ordner als Grundausstattung.

- Machen Sie sich auf die Suche nach der erfolgversprechendsten Zielgruppe.
- Machen Sie sich auf die Suche nach dem brennendsten Problem der Zielgruppe.
- Denken Sie mit dem Kopf Ihres potentiellen Kunden.
- Erproben Sie Ihre Pläne erstmal im privaten Umfeld, gehen Sie kritisch mit den Ergebnissen um!

5. Marketing

Konkurrenzanalyse

Unter Konkurrenz versteht man sämtliche Mitbewerber, die auf ähnliche Bedürfnisse reagieren und dafür ähnliche Angebote machen wie Sie (direkte Mitbewerber). Behalten Sie auch alle Unternehmen im Auge, die mit anderen Angeboten auf dasselbe Bedürfnis oder Problem der Zielgruppe abstellen, denn sie zielen auch mit attraktiven Ideen auf den Geldbeutel und die Zeit Ihrer Zielgruppe.

Checkliste: Konkurrenzbeobachtung

- Liste erstellen über die direkten Mitbewerber (mit einem ähnlichen Angebot) und die benachbarten Anbieter oder indirekten Mitbewerber, denn auch mit diesen liegen Sie im Wettstreit um „Ihre" Kunden.
- Erforschen Sie das Markt- und Kommunikationsverhalten, die Organisationsstruktur und die Finanzkraft Ihrer Konkurrenz.
- Holen Sie Informationen über ihre Preis- und Sortimentsgestaltung, über Werbemaßnahmen und Geschäftserfolge usw. ein.
- Finden Sie heraus, wie sich Ihre Konkurrenz gegenüber dem Kunden, den Mitarbeitern, den Zulieferern, der örtlichen Prominenz und Meinungsmachern verhält.
- Erkunden Sie die Stärken und Schwächen Ihrer Mitbewerber, damit Sie Ihr Alleinstellungsmerkmal besser erarbeiten und präsentieren können.

Neue Entwicklungen

Neben den Zielgruppen sollte auch das Umfeld, der „anonyme Markt", auf dem sich die Zielgruppen tummeln, ständig im Auge behalten werden: Politik, Gesetzgebung, konjunkturelle Entwicklung, Moden und Trends, neue Technologien, Kultur, Verhaltensänderungen, soziale Entwicklungen. Nur wenn man

3. Marktforschung

das Gras wachsen hört, kann man angemessen auf neue Gegebenheiten reagieren. Wichtig ist natürlich auch die Beobachtung der weichenstellenden neuen Entwicklungen in der Gesellschaft. Die folgenden Beispiele demonstrieren, wie neue Zielgruppen entstehen können.

- Soziographische Entwicklung: Eine wichtige Entwicklung ist die drastische Zunahme der über 60jährigen Verbraucher. Dies sollte sich sowohl auf die Entwicklung des Unternehmenskonzeptes als auch auf die Produktgestaltung auswirken, wenn nicht an den Marktbedürfnissen „vorbeiproduziert" werden soll.

- Ergebnis der Trendforschung: Mehr oder weniger ernstzunehmende Zukunftsforscher haben im Sommer 1998 vier neue Frauentypen für die Zeit nach der Jahrtausendwende entdeckt und mit Leitbildnamen belegt. Die „smarte Schlampe", „Öko-Spiritistin", „neue Hausfrau" und die „moderne Amazone".

- Internationale Auswirkungen: Von Einfluß ist auch die Tatsache der zunehmenden internationalen Zusammenarbeit bzw. Arbeitsteilung, bekannt als Globalisierung. Auch auf die internationalen Märkte, besonders die Mitbewerber aus den EU-Ländern, muß ein Augenmerk gelegt werden. Sie werden zu Mitbewerbern, bieten aber auch neue Absatzmärkte.

Standortanalyse

Vorüberlegungen zu den Räumlichkeiten für Ihr zukünftiges Unternehmen beziehen sich darauf, ob es standortabhängig ist, ob es also entscheidend auf die Lage des Unternehmens ankommt. Wenn der Standort keine entscheidende Rolle spielt, kann sich der Gründer allein nach der günstigsten Miete richten. Folgende Fragen soll eine Standortanalyse klären.

- An welchem Ort sollen die Leistungen angeboten werden, zentral oder am Stadtrand?
- Ist der Standort auf der „grünen Wiese" angesagt oder besser in „fußläufiger" Nähe zu Verkehrsanbindung oder einem Einkaufszentrum?

5. Marketing

- Paßt der Standort zum Angebot, z.B. ein Kindergarten neben einem Spielsalon?
- Welche Entwicklung steht dem Standort bevor (Verkehrsberuhigung, Gewerbeansiedlung)?
- Welche Daten geben Aufschluß über die Entwicklung, und wo kann man sie erhalten?

Bei der Bewertung sind – je nach individuellen Anforderungen – auch folgende Kriterien zu berücksichtigen, die einen Standort und eine spezielle Lage kennzeichnen.

Checkliste: Standort-Kriterien

- Nachfrage- bzw. Kaufkraft
- Konkurrenzbedingungen
- Arbeitskräfteangebot
- gesetzliche Rahmenbedingungen
- Lebensqualität, soziales und natürliches Umfeld
- Lauflage
- Strukturentwicklung
- Anfahrmöglichkeiten und Parkplätze
- Verkehrsanbindung
- Erweiterungsmöglichkeiten
- staatliche (behördliche) Auflagen
- Kosten
- Entwicklungsaussichten

4. Die Instrumente des Marketing-Mix

Beim praktischen Marketing geht es um die Erfüllung der in der Marktforschung erkundeten Kundenwünsche. Dazu dienen die Instrumente des Marketing-Mix, wie Gestaltung des Angebotes, Preispolitik, Vertriebspolitik und die als Public Relations bekannte Öffentlichkeitsarbeit bzw. Kommunikationspolitik.

Im operativen, also praktisch durchgeführten Marketing werden die Entscheidungen über das Handlungsinstrumentarium, das sogenannte Marketing-Mix, getroffen. Ziel ist es, die Angebotspalette so kundengerecht wie möglich zu gestalten, den „richtigen" Preis festzulegen, sich die richtigen Wege des Vertriebes einfallen zu lassen, die Angebote optimal zu bewerben und ein gutes Ansehen des Unternehmens anzustreben sowie den Kunden durch persönliche Betreuung fest zu binden.

Gestaltung des Angebotes

Für Unternehmen steht die „Produktpolitik" an erster Stelle. Das Produkt ist Ausdruck sämtlicher Leistungen, die dem potentiellen Kunden angeboten werden. Wichtig ist es, auf die marktorientierte, d.h. bedürfnisgerechte und kundenorientierte Ausgestaltung zu achten.

Zu einem Produkt gehört die Beschreibung seiner Inhalte, seines Umfangs, von Qualität, Kosten und Leistung. Diese Beschreibung, etwa in einem Prospekt, sollte kurz, verständlich und leicht merkbar sein, abgefaßt in der Alltagssprache. Und sie muß neugierig machen! Infolge unseres Verdrängungsmarktes mit zu vielen Produkten muß die Differenzierung in den Augen des Kunden über den Nutzen laufen, der über die Grundfunktionen der Leistung hinaus die Gefühle anspricht.

Am Beispiel Auto wurde gezeigt, daß das Produkt selbst nur selten den Kaufgrund darstellt (siehe Seite 70). Wichtig ist vielmehr, was der Kunde damit über die Fortbewegung hinaus erreichen kann. Ein bekanntes Beispiel ist die Kartoffelkroketten-Werbung zur Osterzeit mit dem Spruch: „Mehr Zeit zum Eiersuchen."

Das Ergebnis des Zusatznutzens als Problemlösung zählt! Besonderer Stellenwert kommt Image, Gefühlserlebnis, Aner-

5. Marketing

kennung, Gruppenzugehörigkeit usw. zu. Beispiele aus dem Bereich sozialer Angebote wären:
- sorgenfreier Lebensabend
- erlebnisreiche Freizeit
- mehr Zeit für die schönen Dinge des Lebens
- Geborgenheit
- verläßliche Pflege
- Problemlösung für Organisationen und Betriebe

> Die Leistung bzw. das Produkt sollte immer als Problemlösung verkauft werden! Zeigen Sie Ihre besondere Leistungsfähigkeit in Form von Problemverständnis und besonders Problemlösungskompetenz. Stellen Sie sich als Problemlöser dar. Verkaufen sollten Sie zudem einen direkten oder indirekten (Zusatz-)Nutzen für den Kunden. Der Nutzen Ihres Angebotes muß dem (potentiellen) Kunden sofort ins Auge springen.

Preispolitik

Die Preisgestaltung ist ein heikler Punkt, denn im Sozialbereich wird nur ungern über Geld geredet. Zudem verfügt das traditionelle Klientel auch nicht über viel Geld. Ein Helfer-Syndrom darf aber nicht Haupttriebfeder Ihrer Selbständigkeit sein, sondern nüchterne Kalkulation. Von einem dankbaren Blick kann man sich nichts kaufen. Gute Leistung kostet gutes Geld, gewöhnen Sie sich an diesen Gedanken.

> Erfahrungen zeigen, daß es soziale Angebote für eher minderbemittelte Kundengruppen in ausreichender Anzahl gibt und daß diese Klientel ganz gut mit Angeboten eingedeckt ist. Was fehlt, sind adäquate Angebote für anspruchsvollere Kreise der Mittelschicht, die über Geld verfügen.

Für die Preisgestaltung gilt es, folgendes zu beachten: Der Preis hat einerseits eine Signalwirkung im Sinne von „was nichts kostet, kann auch nichts wert sein". Preisgünstige Angebote

4. Die Instrumente des Marketing-Mix

erhalten danach nicht die ihnen gebührende Wertschätzung. Zum anderen bestimmen weniger die Kosten den akzeptierten Preis, sondern der subjektive Nutzen für die Kunden. Das sollte Ihr Ansatzpunkt sein – kommunizieren Sie diesen Nutzen!

Checkliste: Preisgestaltung

- Definieren Sie sich über Ihre Leistung, also über Ihre spezielle Leistungsfähigkeit und Kernkompetenz, nie über den Preis! Lassen Sie sich nicht vorschnell drücken, um wettbewerbsfähiger zu sein. In der Regel ist der Kunde immer eher bereit, einen angemessenen Preis für eine gute Leistung zu zahlen.

- Statt den Preis niedrig zu halten oder gar zu senken, um einen Auftrag zu erhalten, geben Sie immer mehr als andere! Bieten Sie einen Extra-Service.

- Seien Sie großzügig! Vor allem, versuchen Sie, das besondere Kundenbedürfnis herauszufinden. Das sollte Ihnen nicht schwerfallen – und ist Teil Ihrer besonderen Kompetenz, die es hervorzuheben gilt. Mit diesem sozialpädagogischen Einfühlungsvermögens sollten Sie wuchern!

- Lassen Sie sich nicht hinreißen, eine Leistung für einen „Freundschaftspreis" zu bieten. Das spricht sich schnell herum und verdirbt den Markt, sofern die Leistungen gleichbleiben. Verschenken Sie nichts, Sie müssen von ihrer Arbeit Ihren Lebensunterhalt bestreiten können, wenn Sie keinen Gönner im Hintergrund haben.

Vertriebspolitik

Dieses Instrument hat zum Ziel, die Produkte oder Dienstleistungen durch Wahl des geeigneten Absatzweges zum Kunden zu bringen.

Üblicherweise unterscheidet man den Direktvertrieb und den Vertrieb über Mittler. Soziale Leistungen werden am ehesten „direkt am Kunden" praktiziert.

5. Marketing

> Von zentraler Bedeutung ist, daß die Leistungen bequem, einfach und mühelos von der Zielgruppe genutzt werden können. Wichtig sind „Zugangserleichterungen", wie gute Verkehrsanbindung, Lieferung frei Haus, Essen auf Rädern, Hausbesuche, ausreichend Telefonanschlüsse und Parkplätze. Aber auch niederschwellige Angebote, ansprechende Gestaltung der Räume sind Beispiele für gute Vertriebspolitik.

Public Relations oder Kommunikationspolitik

Kommunikationspolitik ist auch für Angebote auf dem sozialen Sektor ein notwendiges Marketing-Instrument. Damit kommuniziert das Unternehmen seine Identität, sein Selbstverständnis im gesellschaftlichen Kontext und macht auf seine Angebote aufmerksam.

> Kommunizieren heißt Botschaften senden und Botschaften empfangen. Durch die vom Unternehmen gesendete „Nachricht" sollen Erwartungen, Einstellungen und Verhaltensmuster beim potentiellen Kunden, aber auch in der gesamten Öffentlichkeit (inklusive Mitarbeiter) gesteuert und beeinflußt werden.

Die Kommunikationspolitik richtet sich einerseits nach innen, um die Mitarbeiter in Ihrer Identifikation mit dem Unternehmen zu stärken, andererseits nach außen, um Bekanntheit und Ansehen zu steigern sowie Aufmerksamkeit auf die Unternehmensleistungen zu richten.

Als eine der Voraussetzungen des Marketing wurde die Positionierung über das Alleinstellungsmerkmal, die Profilbildung, bereits dargestellt (siehe Seite 68 ff.). Mittel zur Profilbildung sind die Kommunikation der „Besonderheit des Hauses" in allen Erscheinungsmöglichkeiten in Wort, Schrift und Verhalten. Die erwünschte Außenwirkung wird durch das Logo und den Slogan erreicht; mit dem Sie Ihren Firmennamen und sämtliche Schriftstücke versehen sollten.

4. Die Instrumente des Marketing-Mix

Angesichts der Vielzahl an mehr oder weniger gleichartigen Angeboten werden die Emotionen des Kunden kaufentscheidend. In der Kommunikation setzt man auf Gefühl. Durch die Kommunikationspolitik werden Gefühlswelten aufgebaut und emotionale Zusatznutzen oder Mehrwerte geschaffen. Diese erheben das Produkt über den banalen Grundnutzen und sollen es dadurch von der Konkurrenz abheben und abgrenzen.

Das Logo

Das Logo oder Signet ist sozusagen als Markenkennzeichen das wichtigste visuelle Kürzel, das ein Unternehmen zu seiner Kennzeichnung einsetzen und für sich sprechen lassen kann.

Es sollte so gestaltet werden, daß es das Gesamtbild des Unternehmens vermittelt, prägnant seine Inhalte transportiert, einen hohen Wiedererkennungs- und Identifikationswert in sich trägt und zur Unverwechselbarkeit beiträgt.

> Der Firmenname sollte Ihren Kunden etwas darüber sagen, was Sie machen und wo Ihre Schwerpunkte liegen, eine Allerweltsbezeichnung spricht nicht für Sie.

Der Slogan

Ein Logo oder Signet alleine hat noch nicht die erwünschte Wirkung, diese wird erst durch einen einprägsamen verbalen Begriff erreicht, den Werbespruch oder Slogan. Mit ihm bringt man die Angebotsbeschreibung auf den Punkt.

Arbeitsmittel der Kommunikationspolitik

- Werbung
- Presse- und Öffentlichkeitsarbeit
- professionelles Networking
- Verkaufsförderung

5. Marketing

Werbung

Werbung ist die (direkte) Bekanntmachung und Anpreisung der einzelnen konkreten Programmangebote mit dem Ziel der Handlungsauslösung beim Kunden.

Werbemaßnahmen sollen aufmerksam machen sowie Interesse an einem bestimmten Produkt wecken, verstärken und erhalten. Werbung wirkt kurzfristig und ist produktbezogen.

Angestrebt werden die Erstbekanntmachung eines Produktes, die Erhöhung des Marktanteils bzw. die Steigerung des Umsatzes, aber auch die Verbesserung des Bekanntheitsgrades und die Verbesserung des Images.

Geworben wird üblicherweise mit Werbemitteln wie Anzeigen, Plakaten, TV-Spots, Radiowerbung, Prospekten, Katalogen und durch Multimedia-Aktivitäten. Aus dem heutigen Geschäftsleben nicht mehr wegzudenken ist der Auftritt im Internet. Planen Sie Ihre Web-Seite gut, lassen Sie sich dabei von einem Profi beraten.

Wichtig ist auch die gezielte Auswahl der Werbeträger, beispielsweise Tageszeitung oder Illustrierte, Lokalfernsehen, Fachzeitschrift oder Direct-Mailings (Werbebriefe).

> Werbemaßnahmen sollten von Profis durchgeführt werden. Suchen Sie sich aber eine Agentur aus, die Erfahrungen mit Ihrer Zielgruppe hat, nicht nur mit Waschmittelwerbung!

Presse- und Öffentlichkeitsarbeit

Die Instrumente der PR (= Public Relation; Presse- und Öffentlichkeitsarbeit) dienen der Anpreisung des Unternehmens als ganzes mit dem Ziel, eine Atmosphäre des Verständnisses und Vertrauens nach innen und außen zu schaffen. PR-Arbeit ist unternehmensbezogen und zielt auf langfristige Wirkung.

Zu unterscheiden sind die Aktivitäten der Öffentlichkeitsarbeit/PR-Veranstaltungen sowie Pressearbeit.

Zu möglichen Aktivitäten der Öffentlichkeitsarbeit gehören der Tag der offenen Tür, Ausstellungen, Messen, Referate und andere Fortbildungsangebote, Betriebsführungen und Benefiz-Veranstaltungen, um der Öffentlichkeit Gelegenheit zu geben, die Organisation bzw. das Unternehmen kennenzulernen sowie mit Ihnen und Ihrer Einrichtung zu kommunizieren. Eine medienwirksame Spende „für einen guten Zweck" ist auch ein wirksames Mittel, auf sich aufmerksam zu machen und die Herzen der Kunden zu gewinnen! „Tue Gutes und sprich' darüber", so lautet ein bekanntes Motto der Öffentlichkeitsarbeit.

> Nehmen Sie sich einen guten Berater, wählen Sie eine Agentur mit Erfahrungen auf dem Non-Profit-Bereich aus, denn nur diese haben genügend Sensibilität für Ihren Markt.

Ein Selbständiger betreibt aktive Pressearbeit, wenn er auf Medienvertreter mit der Bitte zugeht, einen Artikel in der Tageszeitung zu schreiben oder um einen Fachartikel zu plazieren. Weiter kann er Pressegespräche und -konferenzen organisieren und aktiv die zuständigen Redakteure motivieren und die Kontakte mit ihnen pflegen.

Wichtig ist auch das Erstellen eines Pressespiegels, d.h. das Erfassen der über das Unternehmen erschienenen redaktionellen Beiträge. Man spricht hierbei von passiver Pressearbeit.

Professionelles Networking

Der Stellenwert der Beziehungsarbeit, strategischer Allianzen und Partnerschaften ist sehr groß, speziell wenn man neu auf dem Markt ist.

Welche Möglichkeiten gibt es, Beziehungen zu knüpfen bzw. Vernetzungsangebote zu nutzen? Für Neulinge empfiehlt es sich, Gesprächspartner und eventuell „Patenschaften" (z.B. durch einen „senior service" aus engagierten Pensionären) aktiv zu suchen, zu Messen und Existenzgründerstammtischen zu gehen, in einflußreichen Clubs Mitglied zu werden, ein politisches

Amt anzustreben. Möglichkeiten, sich und sein Unternehmen auf informellem Wege bekanntzumachen, gibt es genug. Man muß nur danach suchen.

Notieren Sie sich, wen Sie kennen, in welchem Verein Sie Mitglied sind, in welchem Club Sie verkehren, welchem Netzwerk Sie angehören. Diese Menschen haben alle Adressen, die Sie für Akquisitionen nutzen oder Bekannte, die sie in Ihrem Namen als „door opener" ansprechen können. Nutzen Sie Branchentreffs, um Kontakte zu knüpfen, und nehmen Sie auch genügend eigene Visitenkarten mit!

Nutzen Sie die Möglichkeiten, sich bei Beratern und einschlägigen Institutionen auf den Verteiler setzen zu lassen, um so Einladungen zu Veranstaltungen zum Thema Unternehmensgründung zu erhalten.

> Um die Erfassung von Adressen professionell zu gestalten, sollten Sie sich etwas mit Database-Management befassen. Das heißt, alle Daten, speziell über Ihre Zielgruppen, systematisch per EDV zu erfassen und entsprechend einzusetzen. Daher am Anfang nicht bei den technischen Investitionen sparen, denn eine gute Adresse ist Geld wert!

Verkaufsförderung

Der Bereich, der im Dienstleistungsbereich gegenüber der Konsumgüterindustrie eine eher untergeordnete Rolle spielt, ist die Verkaufsförderung, auch Sales Promotion genannt. Dennoch bieten sie auch für „Soziale Anbieter" einige Möglichkeiten, die Nachfrage nach Leistungen zu intensivieren.

Es handelt sich bei der Verkaufsförderung um sämtliche Aktivitäten zur Steigerung des Verkaufs wie Dekorationen, „Regalpflege", Ladengestaltung, Warenproben, Preisausschreiben, Sonderverkaufsaktionen, Verkostungen, Produktvorführungen und sonstige Werbeveranstaltungen. Auch kostenlose Probeangebote von Dienstleistungen und „Schnupperaktionen" fallen unter diese den Absatz steigernden Verkaufsaktionen.

5. Persönliche Betreuung des Kunden

Das fünfte Markteting-Mix-Instrument ist die Kundenbindung durch persönliche Betreuung. Da dieses Kriterium in einer Dienstleistungsgesellschaft sehr wichtig ist, wird dieser Punkt gesondert betrachtet.

5. Kunden durch persönliche Betreuung fest binden

Der Verkauf eines Produktes ist nicht der Abschluß, sondern erst der Anfang einer langfristigen Kundenbeziehung. Ganz wichtig ist die Gestaltung des persönlichen Auftretens und der Kontakte mit dem Kunden, d.h. die persönliche Betreuung des Kunden.

In diesem „Beziehungsmarketing" liegen Profilierungsmöglichkeiten, denn die eigentliche Produktleistung erscheint für die meisten Kunden austauschbar. „Die mit der guten Betreuung/ Beratung usw.", das bleibt in Erinnerung.

> Eine länger anhaltende Kundenbindung ist potentiell rentabler als eine Neukundenakquisition, denn erfahrungsgemäß ist es um ein Vielfaches teurer, einen neuen Kunden zu gewinnen, als alte Kunden zu binden. Und nur durch intensiven Kontakt mit Ihrer Zielgruppe erkennen Sie deren Bedürfnisse, auf die Sie mit besonderen Angeboten antworten können.

Zur persönlichen Betreuung gehören neben der freundlichen und zuvorkommenden Behandlung und Betreuung zwei wichtige Bereiche:

Richtig telefonieren (aktives und passives Telefonmarketing): Während sich das aktive Telefonmarketing (Telefonverkauf) auf den Kundengewinn durch gezielte Telefonate bezieht, geht es beim passiven Telefonmarketing um das gekonnte Entgegennehmen von eingehenden Telefonaten, meist von Kundenwünschen. Die Betonung liegt auf „gekonnt", denn auch hier gibt es Regeln. Die Geschichte vom Buchbinder Wanninger und seiner „Verbindungs-Odyssee" kennen Sie.

Umgang mit Beschwerden (Beschwerdemanagement): Nicht immer gehen am Telefon Kundenwünsche ein, sondern auch massive Beschwerden und heftige Kritik. Sie sollten gut und gründlich darauf vorbereitet sein und stets an den Satz denken: Eine Beschwerde ist ein Geschenk, Meckern ist erwünscht! Ein Kunde, der reklamiert, ist ein guter Kunde, denn er gibt ein Feedback zu Fehlern, die nur dadurch erkannt und ausgemerzt werden können.

6. Evaluation und Controlling im Marketing

Wichtig ist die Evaluation als Erfassung und Bewertung der Marketing-Aktivitäten, um Erkenntnisse daraus in die weiteren Handlungen einfließen zu lassen. Als selbständige(r) UnternehmerIn müssen Sie sich auch mit Buchhaltung und Controlling anfreunden, um über die finanzielle Seite Ihres Unternehmens auf dem Laufenden zu sein. Zahlen ergeben ein ganz gutes Bild davon, wie sich Ihre Aktivitäten auf dem Konto niederschlagen.

> Evaluation und Controlling gehören als Kontrollinstrumente über das eigene Tun und Handeln und dessen Ergebnisse eng zusammen.

Organisations- und Rechtsformen, Kooperationen: Was ist das Beste?

6

1. Organisationsformen 128

2. Rechtsformen 134

3. Steuerliche Aspekte 139

4. Kooperation statt Einzelkämpfertum 140

5. Kooperationspartner
   suchen und finden 145

6. Franchising – der Systempartner 146

1. Organisationsformen

Berufliche Selbständigkeit kann entweder als Gründung eines Gewerbebetriebes oder durch die Aufnahme einer freiberuflichen Tätigkeit erfolgen. Eine Zuordnung zu einer der beiden Sparten hat wichtige steuerrechtliche Konsequenzen.

Bereits im ersten Stadium Ihrer Überlegungen zur Unternehmensgründung sollten Sie sich Informationen eingeholt haben, welche der beiden Formen für Ihre Art der selbständigen Tätigkeit vorgeschrieben ist. Wenn Ihre Pläne schon im ausgereifteren Stadium sind, sollten Sie sich genauer beim Finanzamt oder bei einer Berufsorganisation erkundigen, auf welche Bestimmungen und verwaltungsrechtlichen Formalitäten Sie achten müssen.

Gewerbebetrieb

Ein Gewerbe ist jede erlaubte selbständige Tätigkeit, die auf Dauer angelegt bzw. nachhaltig ist und mit Absicht der „Einkunfts- bzw. Gewinnerzielung" unternommen wird (nicht aus „Liebhaberei") und die sich offen als Teilnahme am allgemeinen Wirtschaftsverkehr darstellt.

Davon ausgenommen sind:

- Urproduktion in Land- und Forstwirtschaft
- Verwaltung eigenen Vermögens
- Ausübung freier Berufe.

In der Bundesrepublik Deutschland gilt zwar das Prinzip der Gewerbefreiheit, dennoch gibt es gewisse Zulassungsvoraussetzungen. Es gibt ein erlaubnisfreies Gewerbe (das aber dennoch angemeldet sein muß!) und ein erlaubnispflichtiges Gewerbe.

Beachten Sie: Bei Nichtbeachtung der gesetzlichen Vorschriften riskieren Sie nicht nur Bußgelder oder strafrechtliche Sanktionen, sondern im schlimmsten Fall müssen Sie mit einer Gewerbeuntersagung rechnen.

1. Organisationsformen

> Erfolgt die Gewerbeanmeldung beim Ordnungsamt Ihrer Gemeinde, dann wählen Sie Ihren Unternehmensbereich möglichst umfassend, um mögliche Geschäftsausweitungen abzudecken.

Freie Berufe

Vertreter freier Berufe rechnen nicht zu den Gewerbetreibenden. Eine rechtsverbindliche Definition des „Freien Berufes" gibt es lediglich im Steuerrecht.

Der Begriff „Freie Berufe" ist kein eindeutiger Rechtsbegriff, sondern eher ein soziologischer Terminus, der einerseits einem gewissen Wandel unterliegt, andererseits aber in Einzelgesetzen durch Kategorisierung festgelegt wird.

Nach der Definition des Bundesverwaltungsgerichtes und des Finanzamtes (§ 18 Abs. 1 Nr. 1 Einkommensteuergesetz) zählen zu den Kennzeichen der Freien Berufe

- freie wissenschaftliche, künstlerische und schriftstellerische, unterrichtende und erzieherische Tätigkeiten,

- Tätigkeiten der im Gesetz aufgeführten Berufe („Katalogberufe"), da sie dort aufgezählt, d.h. katalogisiert werden, wenn die ausgeübte Tätigkeit berufstypisch ist,

- persönliche Dienstleistungen der „höheren Art" (mit akademischer Ausbildung), die den Katalogberufen ähnlich sind.

Im Vordergrund steht die geistige, beratende, unterrichtende oder erzieherische Tätigkeit in Verbindung mit der persönlichen Dienstleistung. Freiberufler müssen danach zwingend aufgrund eigener Fachkenntnisse leitend und eigenverantwortlich tätig sein. Ihre eigene Arbeitsleistung muß eine dominante Rolle spielen, und ohne diese ist die Arbeit nicht vorstellbar. Kritisch wird es, wenn Personal eingesetzt wird, man sich also der Mithilfe fachlich vorgebildeter Arbeitskräfte bedient, die diese Tätigkeiten erfüllen. Dadurch kann die Gewerbesteuerbefreiung verloren gehen, daher unbedingt auf die eigene Leistung und Verantwortung hinweisen!

6. Organisations- und Rechtsformen, Kooperationen

Neben den „Katalogberufen" wie Ärzte, Steuerberater, Heilpraktiker, Ingenieure, Journalisten sind neue Betätigungen entstanden und entstehen weiterhin, gerade im Sozialsektor. Die Rechtsprechung macht es allerdings nicht leicht, die „Wesensmerkmale" der Katalogberufe zu treffen. Hierzu ist unbedingt ein Fachmann hinzuzuziehen, um nicht bei den gewerbesteuerpflichtigen Gewerbebetrieben eingeordnet zu werden.

> **Definition des Bundesverbandes der Freien Berufe:**
> Angehörige Freier Berufe erbringen auf Grund besonderer beruflicher Qualifikation persönlich, eigenverantwortlich und fachlich unabhängig geistig-ideelle Leistungen im Interesse ihrer Auftraggeber und der Allgemeinheit. Ihre Berufsausübung unterliegt in der Regel spezifischen berufsrechtlichen Bindungen nach Maßgabe der staatlichen Gesetzgebung oder des von der jeweiligen Berufsvertretung autonom gesetzten Rechts, welches Professionalität, Qualität und das zum Auftraggeber bestehende Vertrauensverhältnis gewährleistet und fortentwickelt.

Einem Faltblatt des Instituts für Freie Berufe Nürnberg ist eine „neue Definition" zu entnehmen: Die Freien Berufe haben im allgemeinen auf der Grundlage besonderer beruflicher Qualifikation oder schöpferischer Begabung die persönliche, eigenverantwortliche und fachlich unabhängige Erbringung von Dienstleistungen höherer Art im Interesse der Auftraggeber und der Allgemeinheit zum Inhalt.

Wichtig für Sie ist jedenfalls, dies nachzuweisen, um in den Genuß folgender Privilegien zu gelangen:

- Gewerbesteuerfreiheit
- keine Buchführungspflicht
- vereinfachte Bilanzierung
- keine Aufzeichnungspflicht
- Pauschalbeträge für Betriebsausgaben
- Möglichkeit einer Partnergesellschaft
- gegebenenfalls Versicherungspflicht bei Künstlersozialkasse

1. Organisationsformen

> Setzen Sie es beim Finanzamt durch, daß Ihre Betätigung als von der Gewerbesteuer befreiter Freier Beruf (als „ähnliche Tätigkeit") anerkannt wird. Notfalls Gutachten bei Berufsvertretungen einholen!

Unterschiede: Gewerbe – Freier Beruf

- Der bedeutendste Unterschied ist, daß ein Gewerbetreibender Gewerbesteuer zahlen muß. Außerdem ist er zur Buchführung verpflichtet und unterliegt einer komplizierteren Gewinnermittlung. Freiberufler haben es leichter mit einer einfacheren Gegenüberstellung von Ausgaben und Einnahmen. Ihr Finanzamt bzw. Ihr Steuerberater weiß mehr darüber!

- Registriert als Freiberufler wird man durch formlose Benachrichtigung des Finanzamtes. Dagegen muß die Ausübung eines Gewerbes bei der Gemeinde angemeldet werden.

- Für die meisten Freiberufler gelten spezielle Berufsordnungen, die auch die Zulassung und Anmeldung ihrer Tätigkeit regeln.

Gehört die Sozialarbeit/Sozialpädagogik zu den „Freien Berufen"?

In der Sozialarbeit laufen derzeit Diskussionen, ob Sozialarbeiter und Sozialpädagogen zu den „Freien Berufen" gehören. Damit ist allerdings nicht der aufgeführte steuerrechtliche Begriff gemeint, sondern der berufsrechtliche Begriff, bei dem es nicht auf die wirtschaftliche Unabhängigkeit ankommt. Es geht bei der Diskussion um die Voraussetzungen bzw. Möglichkeiten der Zuordnung der Sozialarbeit/Sozialpädagogik zu den kammerfähigen Berufen. Bekannte Beispiele sind die Freien Berufe Arzt und Rechtsanwalt, die selbst bei einer angestellten Tätigkeit vorliegen.

6. Organisations- und Rechtsformen, Kooperationen

Sozialpädagogen mit Gründungsabsichten sind in der Regel potentielle Angehörige der Freien Berufe. Erst seit einem Jahr werden sie auch explizit als Freiberufler genannt. Bis dahin waren sie nicht ausdrücklich bei den als den Freien Berufen ähnlichen ausgewiesen. Achten Sie darauf, nicht als Gewerbetreibende angesehen zu werden, wenn Sie es nicht wirklich sind!

Vorsicht! Scheinselbständigkeit

Zunehmend geraten Arbeitssuchende an Arbeitgeber, die eine nur scheinbar selbständige Tätigkeit anbieten. Auch wenn der Bereich der Sozialen Arbeit nicht zu den gängigen Beispielen gehört, sollen Sie auf das Problem aufmerksam gemacht werden. Als Scheinselbständige werden Erwerbstätige verstanden, die zwar die Pflichten eines Arbeitnehmers übernehmen, aber auch die Risiken eines Unternehmers zu tragen haben.

Die Gewerbebehörden achten streng auf die Kriterien der echten Selbständigkeit, da sie ein Erschleichen von Steuervorteilen vermuten.

Oft übersehen Scheinselbständige, daß Sie sich selbst gegen Risiken wie Krankheit, Erwerbsminderung, Alter, Tod absichern müssen, denn die Arbeitgeber führen keine Beiträge an die Sozialversicherungen ab.

Achten Sie peinlich genau auf die praktische Handhabe, nicht darauf, was vertraglich mit dem Arbeitgeber ausgehandelt wurde. Und erliegen Sie nicht leichtfertig den Verlockungen, daß private Aufwendungen als Betriebsausgabe deklariert werden können. Die Nachteile der so begründeten Scheinselbständigkeit überwiegen langfristig die Vorteile bei weitem.

1. Organisationsformen

Selbständigkeit ist in der Regel gegeben, wenn:
- der Auftraggeber selbst ausgewählt werden kann,
- die Arbeitsstätte selbst ausgewählt werden kann,
- die Arbeit selbst organisiert werden kann,
- selbst kalkuliert und Werbung betrieben wird.

Anhaltspunkte für eine abhängige Beschäftigung sind:
- Weisungsgebundenheit/persönliche Abhängigkeit
- Eingliederung in die Organisation des Auftraggebers
- fehlendes Unternehmerrisiko

Der Gesetzgeber hat seit Beginn des Jahres 1999 die Beitragspflicht zur Sozialversicherung auf einen Teil der Selbständigen ausgeweitet und gleichzeitig die Vermeidung der Sozialversicherungspflicht eingeengt. Wenn mindestens zwei der folgenden Kriterien erfüllt sind, wird der Selbständige als komplett beitragspflichtiger Arbeitnehmer betrachtet:

- keine Beschäftigung pflichtversicherter Arbeitnehmer
- Tätigkeit im wesentlichen nur für einen Auftraggeber
- Weisungsgebundenheit und Eingliederung in die Organisation des Auftraggebers
- kein unternehmerisches Auftreten am Markt

> Vorsicht, den Nachweis der nicht vorliegenden Scheinselbständigkeit muß der Selbständige neuerdings selbst erbringen! Betroffen von der neuen Regelung sind besonders Kleinunternehmer in der Startphase ohne Angestellte und die freiberuflich Tätigen und damit viele sozialpädagogische Gründungen.

2. Rechtsformen

Hier kommt es darauf an, ob Sie allein als EinzelkämpferIn oder mit Partnern in einer Personen- oder Kapitalgesellschaft Ihr Unternehmen betreiben wollen.

Die „richtige" Rechtsform gibt es nicht. In die Wahl fließen verschiedene Daten wie erwartete Umsatzentwicklung, (steuer-)rechtliche Rahmenbedingungen, persönliche Vorlieben, Risikobereitschaft ein.

Die Gestaltung des Gesellschaftsvertrags sollte sich ganz den spezifischen Anforderungen des Unternehmens anpassen und genügend Entwicklungsspielraum für die Zukunft bieten. Darüber sollten Sie eingehend mit Ihren Beratern, aber auch mit sich selbst zu Rate gehen. Relevante Fragen sind die nach den Haftungsverhältnissen, der Besteuerung und den Gründungsmodalitäten.

Jeder Unternehmensgründer unterwirft sich den nach dem Handelsrecht üblichen Kaufmannspflichten, die Wahrheitspflicht zu beherzigen und durch sein Verhalten niemanden zu schädigen. Dies ist übrigens auch bei der Namensgebung für Ihr Unternehmen zu beachten: Sichern Sie sich ab, ehe Sie einen kostspieligen Druck Ihrer Geschäftspapiere in Auftrag geben.

> Es gibt verschiedene Rechtsformen, nach denen ein Unternehmen gegründet werden kann. Wichtig bei der Wahl sind nicht nur momentane Gegebenheiten, sondern auch zukünftige Aktivitäten. Bewegungsfreiheit ist in der ersten Testphase ganz wichtig, engen Sie Ihren Spielraum durch die Wahl der Rechtsform nicht unnötig ein. Für soziale Anbieter scheiden allerdings einige Rechtsformen schon aus formellen Gründen aus, beispielsweise weil sie keine Vollkaufleute sind.

Gesellschaften werden in Personengesellschaften und Kapitalgesellschaften aufgeteilt. Personengesellschaften sind die Partnergesellschaft (PartnG seit Juli 1995), die BGB-Gesellschaft,

2. Rechtsformen

die Offene Handelsgesellschaft (OHG) und Kommanditgesellschaft (KG). Zu den Kapitalgesellschaften gehören die Aktiengesellschaft (AG) und die Gesellschaft mit beschränkter Haftung (GmbH).

Rechtsformen

- Einzelunternehmungen
- Gesellschaften als
  - Personengesellschaften (PartnG, BGB-Gesellschaft, OHG, KG)
  - Kapitalgesellschaften/Körperschaften (AG, GmbH)
- Verein als weitere Form der Körperschaft
- Genossenschaft

Üblicherweise können sich Freiberufler bzw. Selbständige nur als Partnergesellschaft, BGB-Gesellschaft oder als GmbH (Vorsicht: hier fällt Gewerbesteuer an!), die auch als Ein-Mann-Gesellschaft möglich ist, zusammenschließen. Als interessante Varianten kommen im Non-Profit-Bereich unter Umständen auch der Verein oder die Genossenschaft in Betracht.

Einzelunternehmung

Die Einzelunternehmung ist die gebräuchlichste Rechtsform in der Bundesrepublik Deutschland. Ihre Gründung erfolgt formlos.

Die Vorteile sind große Entscheidungsfreiheit, ein hohes Maß an Beweglichkeit und eine rasche Anpassung an geänderte Marktbedingungen, keine Vorschriften bezüglich Mindestkapital, keine Aufteilung der Gewinne, keine formelle Gründung, geringe Gründungskosten und die Möglichkeit, in kleinem Umfang zu beginnen.

6. Organisations- und Rechtsformen, Kooperationen

Nachteile der Einzelunternehmung liegen in der unbeschränkten persönlichen Haftung mit dem Privat- und Geschäftsvermögen, der schwierige Zugang zu Kapital sowie die Tatsache, daß allein der Gründer über das Fachwissen verfügt. Alles hängt an ihm, und es besteht die Gefahr, daß der „Allround - Freiberufler" der zunehmenden Komplexität der Arbeitsanforderungen nicht mehr gewachsen ist. Oder er arbeitet so uneffektiv, daß der Arbeitseinsatz in keinem Verhältnis zum wirtschaftlichen Erfolg steht.

Partnergesellschaft

Seit Juli 1995 gibt es die Partnergesellschaft (PartnG) als neue Rechtsform speziell für freie Berufe. Die Partnergesellschaft ist ein Zusammenschluß von mindestens zwei Freiberuflern zur gemeinschaftlichen Berufsausübung.

Sie ist keine juristische Person, kann aber in ihrem Namen Rechte erwerben, Verbindlichkeiten aufnehmen und vor Gericht auftreten.

Sämtliche Partner haften als Gesamtschuldner mit dem Gesellschafts- und dem Privatvermögen.

Seit dem 1.7.1997 signalisieren die Zusätze „und Partner" bzw. „Partnerschaft" diese Vereinigung von Freiberuflern als eigenes „Markenzeichen", können also im Firmennamen erscheinen. Dies ist wichtig, um umfassende Kompetenz zu signalisieren.

Weitere Kennzeichen sind, daß kein Mindestkapital erforderlich, aber eine Eintragung in das Partnerschaftsregister Pflicht ist. Ebenso kann in den allgemeinen Geschäftsbedingungen eine persönliche Haftung für Fehler eines Partners festgelegt werden.

BGB-Gesellschaft

Unter einer Gesellschaft des bürgerlichen Rechts (GbR) versteht man den Zusammenschluß mehrerer Personen zur Erreichung eines gemeinsamen Zwecks.

Die Rechtsform der BGB-Gesellschaft eignet sich gut für Freiberufler, beispielsweise als Bürogemeinschaft oder Sozietät. Wichtig ist, daß die individuelle Leistung der Freiberufler erkennbar bleibt.

Ihre Gründung ist formlos, jeder Gesellschafter haftet persönlich und unbeschränkt, und jeder besitzt die volle Geschäftsfähigkeit für die gesamte Gesellschaft. Dies macht eine große Vertrauensbasis notwendig. Daher ist ein schriftlicher Vertrag anzuraten, auch wenn er nicht zwingend vorgeschrieben ist. Darin enthalten sollten, neben Regelungen zur Arbeitsaufteilung und zur Gewinn- bzw. Verlustverteilung, auch die Modalitäten des Ausstiegs festgehalten sein, auch wenn in der Gründungseuphorie niemand gerne an eine solche Situation denken mag.

Ein weiterer Vorteil ist auch, daß die zur Förderung des Zwecks von jedem Gesellschafter zu erbringenden Beträge nicht geldlicher Art sein müssen, sondern auch in Dienstleistungen bestehen können.

Gesellschaft mit beschränkter Haftung

Hier ist besonders die Variante einer Ein-Mann-GmbH, auch „Freiberufler-GmbH" genannt, interessant, wenn die Selbständigkeit nicht für einen Partner „eingeschränkt", aber die Haftung für den geschäftsführenden (Allein-)Gesellschafter minimiert werden soll. Die Mindesteinzahlung (50 %) des Stammkapitals liegt bei 25 000 DM. Die Haftung ist auf das Gesellschaftsvermögen begrenzt. Es ist sogar möglich, daß ein Alleingesellschafter eine GmbH gründet und sämtliche Anteile in seinem Besitz hält, um vor allem die haftungsmäßigen Vorteile auszunutzen. Einzelheiten besprechen Sie aber am besten mit Ihrem Steuerberater.

6. Organisations- und Rechtsformen, Kooperationen

Verein

Da der Verein als Variante, die für Angehörige aus dem alternativen bzw. Non-Profit-Bereich auf den ersten Blick interessant sein könnte, hier eine Beschreibung einer Vereinsgründung. Allerdings soll gleich darauf hingewiesen werden, daß die Rechtsform eines Vereines für jegliche Art unternehmerischer Tätigkeit – ob herkömmlich oder alternativ – nicht geeignet ist.

Ein gemeinnütziger Verein darf gemäß Gesetz seine Leistungen nicht planmäßig und dauerhaft gegen Entgelt am Markt anbieten, denn dann tritt er als wirtschaftlicher Geschäftsbetrieb auf. Dabei gibt es allerdings eine Ausnahme: den Zweckbetrieb. Dieser dient dazu, in seiner Gesamteinrichtung die satzungsgemäßen Zwecke des Vereins zu verwirklichen. Durch die Konkurrenzklausel darf der Zweckbetrieb allerdings nicht zu begünstigten Betrieben ähnlicher Art in Wettbewerb treten. Hier liegt der Grund dafür, daß der Verein nicht als Unternehmer agieren darf und seine Mitglieder entsprechend in dieser Rechtsform nicht als Freiberufler agieren dürfen.

Einzig besteht die Möglichkeit, als freiberuflicher Gewerbetreibender einen Gewerbebetrieb vom Verein zu mieten und zu betreiben.

Genossenschaften

Jede Genossenschaftsgründung ist vom Genossenschaftsverband auf ihre wirtschaftliche Tragfähigkeit hin zu begutachten.

Durch das Genossenschaftsgesetz ist die Genossenschaft definiert als Gesellschaft mit nicht geschlossener Mitgliederzahl, die wirtschaftliche Zwecke verfolgt, primär jedoch keine eigenen Gewinnabsichten hat.

Mindestens sieben Personen können eine Genossenschaft gründen, deren Ziel es ist, ihre Mitglieder zu fördern, z.B. ihnen durch günstige Einkaufs-, Absatz-, Wohn- oder Finanzierungsmöglichkeiten Gewinne zu ermöglichen.

Ebenso wie beim Verein wirken auch hier die gemeinnützigen Ansätze hemmend. Der Geist von Nachbarschaftshilfe, Basisdemokratie und Vereinsmeierei führt noch zu oft Regie.

Sprechen Sie sämtliche Varianten mit einem fähigen Steuerberater durch, der sich in Sachen Gemeinnützigkeit und Vereinsrecht gut auskennt. Auskünfte dazu erhalten Sie bei den Wohlfahrtsverbänden.

3. Steuerliche Aspekte

Umsatzsteuer

Auf die Bedeutung der Befreiung von der Gewerbesteuer wurde bereits hingewiesen. Sie gilt für die Gesellschaft des bürgerlichen Rechts wie für die Partnerschaftsgesellschaften, nicht aber für die GmbH-Gründungen.

Umsatzsteuer muß allerdings entrichtet werden, je nach der Höhe der Umsätze. Die Mehrwertsteuer, so die übliche Bezeichnung der Umsatzsteuer, die auf gekaufte Leistungen entrichtet werden muß, darf abgezogen werden. Man spricht von Vorsteuerabzug.

- Umsatzsteuersumme unter 1 000 DM: Möglichkeit der Freistellung von der Umsatzsteuervoranmeldung

- Umsatzsteuersumme von 1 000 bis 12 000 DM: vierteljährliche Abgabe der fälligen Beträge

- Umsatzsteuersumme über 12 000 DM: monatliche Abgabe

Eine für Sie wichtige Möglichkeit ist die Besteuerung als sogenannter Kleinunternehmer. Darunter fällt – im umsatzsteuerlichen Sinne –, wer im Vorjahr weniger als 32 500 DM Umsätze getätigt hat und dessen Umsätze im laufenden Jahr voraussichtlich 100 000 DM nicht übersteigen werden. Sie dürfen in ihren Rechnungen keine Umsatzsteuer ausweisen, ein Vorsteuerabzug kommt nicht in Betracht.

6. Organisations- und Rechtsformen, Kooperationen

> Bevor Sie Ihre erste Rechnung schreiben: Klären Sie bei Ihrem Steuerberater/Finanzamt, ob Sie als Kleinunternehmer gelten oder Mehrwertsteuer ausweisen müssen.

Einkommensteuer

Die Einkommensteuer erfaßt das gesamte Inlands- und Auslandseinkommen des Freiberuflers (Einkünfte aus selbständiger Arbeit) und wird alljährlich aufgrund der Steuererklärung erhoben.

4. Kooperation statt Einzelkämpfertum

Stellen Sie bereits frühzeitig Überlegungen an, ob, mit wem und in welcher Form Sie bereit und fähig sind, berufliche Partnerschaften einzugehen.

Als FreiberuflerIn ist man überwiegend „EinzelkämpferIn", d.h. in der Rechtsform der Einzelunternehmung tätig. Damit haftet der oder die UnternehmerIn unbeschränkt mit dem Privatvermögen, d.h. trägt alle Gewinne und Verluste allein. Das ist das unternehmerische Risiko, aber auch die Chance, nur für die eigene Tasche zu arbeiten.

Überlegen Sie sich, ob Sie sich alleine oder mit einem Partner selbständig machen wollen. Wichtig ist für Ihre Entscheidung, ob Sie lieber alleine Ihr Unternehmen führen oder lieber mit Kollegen zusammenarbeiten wollen. Neben den persönlichen Vorlieben sind aber auch andere Einflußgrößen relevant wie das Arbeitsgebiet oder das notwendige Personal.

Wenn man die Arbeit und das Risiko auf mehrere Schultern verteilen will, sollte man eine Kooperation, eventuell in Form einer Gesellschaft des bürgerlichen Rechts anpeilen. Zwar kommt auch ein Verein in Betracht, doch die daraus resultierende mangelnde Flexibilität und geringes Ansehen als Geschäftspartner sind weniger günstig.

Wenn Sie sich mit einem Partner selbständig machen wollen, denken Sie darüber nach, einen Ihrer (ehemaligen) Kollegen

4. Kooperation statt Einzelkämpfertum

oder einen Freund/Bekannten anzusprechen, dessen Leistungsvermögen, Kompetenz und Einsatzbereitschaft Sie bereits kennen. Sie vermindern damit Risiken in der kritischen Aufbauphase.

> Um die Frage Einzelunternehmung oder Kooperation endgültig zu beantworten, bedarf es dringend eines fachkundigen Steuerberaters. Sie werden ihn auch für die Erarbeitung eines Gesellschaftsvertrages benötigen!

Neugründung

Die Risiken und Chancen einer Neugründung liegen auf der Hand. Für den Gründer oder die Gründerin bedeutet dies nicht nur einen Wechsel vom angestellten Arbeitnehmer, aber auch Berufsanfänger oder Arbeitssuchenden zum selbständigen Unternehmer, der den Betrieb zunächst einmal einrichten und Geschäftsbeziehungen aufbauen muß. Er oder sie hat zudem ein hohes Gründungsrisiko zu tragen.

Andererseits ist bei einer Neugründung der individuelle Gestaltungsspielraum besonders hoch, der ja oft die treibende Kraft für den Sprung in die Selbständigkeit darstellt.

Betriebsübernahme oder Teilhaberschaft

Eine Betriebsübernahme erleichtert den Schritt in das freie Unternehmerdasein erheblich, denn in diesem Fall „ist alles schon vorhanden".

Voraussetzung ist allerdings genügend Eigenkapital und ein gesundes Unternehmen. Erkundigen Sie sich gut, was Sie sich einhandeln! Für die Unternehmensbewertung müssen Sie unbedingt Experten hinzuziehen.

Die wichtigsten Partnerschaften

Bislang war unter Partnerschaft die Zusammenarbeit einer beruflichen Partnerschaft gemeint. Es gibt darüber hinaus noch

6. Organisations- und Rechtsformen, Kooperationen

weitere Partner, mit denen ein Geschäftsmann zusammenarbeiten muß.

Bis auf wenige Ausnahmen kann sich selbst ein freier Unternehmer seine Partner ganz freiwillig aussuchen. Mit den meisten Partnern ist er in irgendeiner Form, die Zwänge beinhaltet, vereint. Hier sind Eigenschaften gefragt, für die eine Ausbildung in sozialen Berufen gute Voraussetzungen bietet. Sozialkompetenz, Teamfähigkeit, Konflikt-Management – dies dürfen keine Fremdworte sein.

Die wichtigsten Partnerschaften

- Gesprächspartner
- Lebenspartner
- Finanzpartner
- Geschäftspartner
- Kundenpartner
- Beratungspartner
- Mitarbeiter

Gesprächspartner

Je isolierter und geheimer ein Gründungsvorhaben vorangetrieben wird, um so größer ist die Gefahr, sich zu verirren und später böse zu erwachen. Deshalb sollten Sie Ideen, Vorhaben, Träume und konkrete Ansätze mit jedem erreichbaren und vertrauenswürdigen Gesprächspartner besprechen, der zu Meinungsbildung und zur Schärfung Ihres kritischen Bewußtseins beitragen kann. Natürlich muß dabei darauf geachtet werden, nicht vorschnell zu konkret zu werden bzw. darf keinesfalls frühzeitig Wissen an potentielle Interessenten an der Geschäftsidee preisgegeben werden. Entwickeln Sie Fingerspitzengefühl!

4. Kooperation statt Einzelkämpfertum

Lebenspartner

Auf die Bedeutung des familiären Netzwerkes wurde schon mehrfach hingewiesen. Ihre Lebenspartner und engsten Familienangehörigen sollten unbedingt immer in die Entscheidung mit einbezogen werden und zwar bereits ab dem Aufkeimen der Gründungsidee und des Wunsches nach Selbständigkeit.

Finanzpartner

Suchen Sie sich – und zwar schon frühzeitig und durchaus auch nach Sympathie – Ihre Finanzpartner aus. Lieber einen Bankfachmann, mit dem Sie sich gut verstehen, als einen, der lediglich ein halbes Prozent weniger Kreditzinsen verlangt. Sie sehen diese Partner öfters als Ihnen lieb ist, meist in einer Bittstellerrolle, da sollte das gegenseitige Verstehen Vorrang vor ein paar eingesparten Mark haben. So der Rat eines erfahrenen Unternehmensberaters.

Diskutieren Sie mit dem Kreditberater Ihres Vertrauens alle wichtigen Finanzfragen.

> Die meisten Kreditinstitute halten gute Materialien für Existenzgründer bereit. Sie bieten über ihren „Branchen-Computer" Marktdaten (Stichwort: „Soziale Dienste") an und geben wichtige Informationen und Hinweise. Fragen Sie ausdrücklich und eindringlich danach!

Sollten Sie sich aus privaten Quellen Geld leihen, so gilt das gleiche, auch hier ist die Vertrauensbasis wichtiger als die Höhe der Summe oder der Zinssatz.

Geschäftspartner

Suchen Sie sich Ihren Geschäftspartner (Teilhaber, Mitinhaber, Sozius) sorgfältig und überlegt danach aus, ob er Ihre Schwächen ausgleichen kann. Sie sollten also unbedingt darauf achten, daß er oder sie Eigenschaften und besondere Fähigkeiten mitbringt, die die Ihren sinnvoll ergänzen. Ein Kreativer und ein Buchhalter, das wäre ein ideales Gespann.

> Ihre Kunden freuen sich, wenn die Geschäftspartner sich ergänzen und dadurch Synergieeffekte wirksam werden.

Kundenpartner

Mit zunehmendem Trend zur Dienstleistungsgesellschaft dreht sich alles um den Kunden. Sie sollten diesen als gleichberechtigten Partner betrachten, und nicht als König oder als Untertan. Auf die Bedeutung der „Kundenorientierung" und eines guten Umganges mit Kunden wurde schon hingewiesen (siehe Seite 108 ff.).

Beratungspartner

Schon in der Analysephase, spätestens aber in der Gründungsphase sollten Sie ausgiebig Rat bei Experten einholen, um sich nicht gleich zu Beginn der eigenen Existenz in eine Sackgasse zu manövrieren. Aber es ist nicht zu empfehlen, das Unternehmenskonzept auf dem Schreibtisch vom Unternehmensberater anfertigen zu lassen. Das muß mit Ihrem Herzblut geschrieben und vom Berater nur korrigiert werden!

Eine kompetente Beratung kann helfen, eigene und fremde Ressourcen zu nutzen und schwerwiegende Fehler zu vermeiden. Beratung fängt schon dabei an, die Unternehmensidee unter die Lupe zu nehmen bis hin zu der Auswahl der richtigen Förderprogramme. Fähigkeiten, um den Weg in die Selbständigkeit sicheren Schrittes und erfolgreich zu gehen, müssen durch Fortbildung und eben durch Beratung individuell erworben werden.

Die wichtigsten Berater sind: Steuerberater, Rechtsanwalt, Unternehmensberater, Existenzgründungsberater bei Arbeitsämtern, bei Kammern und Innungen sowie Existenzgründungsorganisationen, Mitarbeiter von Gründer- und Technologiezentren oder „Lotsendienste", vielleicht auch ein Patentanwalt.

> Suchen Sie sich frühzeitig besonders einen guten Steuerberater, und achten Sie darauf, daß er einen gewissen Gegenpol zu Ihnen bildet. Das bereichert die Zusammenarbeit – und gilt übrigens für die meisten Partnerschaften!

Mitarbeiter

Mit Ihren Mitarbeitern steht und fällt auch Ihr Geschäftserfolg. Suchen Sie sich deshalb Ihre Mitarbeiter sorgfältig aus, und lassen Sie sich auch dabei eventuell von Experten beraten.

5. Kooperationspartner suchen und finden

Kooperationspartner, mit denen man längerfristig und auch in Krisenzeiten gut auskommt, finden sich nicht so schnell, die Suche muß gut vorbereitet sein. Halten Sie die Augen und Ohren offen – bereits auf der Fachhochschule, Universität, im Praktikum oder im Berufsleben. Vielleicht haben Sie auch die Gelegenheit, mit Ihrem potentiellen Geschäftspartner die Partnerschaft vor der endgültigen Unternehmensgründung unverbindlich zu „üben".

Versuchen Sie auch herauszubekommen, an welche Beratungsinstanzen man sich vor der Unternehmensgründung wenden könnte, um potentielle Geschäftspartner zu gewinnen. Die Industrie- und Handelskammern, Arbeitsämter, Handwerkskammern, Verbände oder andere Vereinigungen können Tips und Adressen von geeigneten Unternehmensberatern geben (Adressen siehe Seite 159 ff.).

Weiter sollten Sie sich folgende Fragen stellen:

- Wo, auf welchem Forum (z.B. Schwarzes Brett, Existenzgründerstammtisch) könnte man sich sonst noch umschauen?
- Welche Veranstaltungen eignen sich zur Kontaktaufnahme?
- Wo liegen Vernetzungschancen, beispielsweise über (Vereins-)Mitgliedschaften?
- In welcher Zeitschrift könnten Inserate aufgegeben bzw. gesucht werden, welche Möglichkeiten bietet das Internet?

6. Organisations- und Rechtsformen, Kooperationen

Besonders gut zu klären ist die folgende Frage: Welche Eigenschaften müßten diese möglichen Partner haben, um mit Ihnen erfolgreich an einem Strang zu ziehen? Nehmen Sie die zahlreichen Listen aus den Selbsttests zur Hilfe, um sich über gewünschte oder erforderliche Eigenschaften klar zu werden.

Welche Kompetenzen, Stärken, Ressourcen erwarten Sie sich von Ihrem Partner, welche „Mitgift" ergänzt Ihre eigenen Kapazitäten und kompensiert besonders Ihre Schwachstellen? Dazu können neben besonderen Fähigkeiten und Kenntnissen auch Geld, Räume, Ausrüstungsgegenstände oder auch Kontakte gezählt werden.

6. Franchising – der Systempartner

Unter Franchise oder Franchising versteht man eine Vertriebsform für Waren und Dienstleistungen. Der Franchise-Geber verleiht dabei ganz bestimmte Rechte an den Franchise-Nehmer.

Das Leistungsprogramm des gebenden „Systempartners" ist das Franchise-Paket. Es besteht aus einem Gesamtkonzept zu Beschaffung und Organisation, zu Nutzungsrechten und Ausbildung sowie zum einheitlichen Erscheinungsbild. Der Franchise-Nehmer nutzt als rechtlich selbständiger Unternehmer dieses Paket gegen Entgelt und ist im eigenen Namen und auf eigene Rechnung tätig.

> Je höher der Organisationsgrad des Franchise-Gebers, desto besser seine Leistung.

Auf den Sozialbereich ließe sich diese Form der Selbständigkeit eventuell übertragen: Ein (erfolgreiches) Unternehmenskonzept wird gegen Bezahlung an Interessenten „verliehen", die es in exakt der gleichen Form anbieten.

Auch wenn ein Transfer von McDonalds, einem bekannten Franchising-Beispiel, auf ein Konzept für Senioren-Betreuung

6. Franchising – der Systempartner

im ersten Moment schwer fällt, eine Überlegung wert ist Franchise allemal. Allerdings gibt es wohl nur wenige Modelle, die „verliehen" werden können.

Aus der umfangreichen Palette von Beispielen für Franchise-Branchen könnten folgende Ideen interessant sein:

- Öko-Gastronomie mit Heimservice
- Gesundheit und Fitness
- Hobby und Erlebnis
- Biomarkt
- Kinderangebote
- Medizinische und (psycho-)soziale Angebote
- Nachhilfeunterricht für Orthographie und Schreibtechnik, Behebung von Lernschwächen und Aufmerksamkeitsstörungen, Vermittlung von Lernmethoden

Wem diese für den Bereich der Sozialen Arbeit sehr innovative Form der Selbständigkeit interessiert, so können Sie u.a. im folgenden Handbuch nachlesen: Peter Herz, „Selbständig mit Franchise" – ebenfalls im Walhalla Fachverlag erschienen.

Check-up: Wissenswertes & Co.

7

1. Mit Ausgaben Steuern sparen 150
2. Richtig versichert bei unvorhergesehenen Schadensfällen 151
3. Arbeitsverträge mit Ihren Mitarbeitern: korrekt, fair, sicher 152
4. Interessantes Interview mit einem Praktiker 153
5. Was sonst noch zu tun ist 156

1. Mit Ausgaben Steuern sparen

Sonderausgaben und außergewöhnliche Belastungen sind privat veranlaßte Ausgaben, die das Gesetz wegen kultur-, sozial-, steuer- oder wirtschaftspolitischer Erwägungen für steuerlich abzugsfähig erklärt.

Sonderausgaben

- Steuerberatungskosten

- Aufwendungen des Steuerpflichtigen für seine Berufsausbildung oder seine Weiterbildung in einem nicht ausgeübten Beruf

- Aufwendungen für bestimmte hauswirtschaftliche Beschäftigungsverhältnisse

- 30 % des Schulgeldes für den Besuch von Privatschulen (nicht jedoch des Entgelts für Beherbergung, Betreuung und Verpflegung)

- Ausgaben zur Förderung mildtätiger, kirchlicher, religiöser, wissenschaftlicher und als besonders förderungswürdig anerkannter gemeinnütziger Zwecke (Spenden)

- Mitgliedsbeiträge und Spenden an politische Parteien

- Unterhaltsleistungen an geschiedene oder dauernd getrennt lebende Ehegatten

- auf besonderen Verpflichtungsgründen beruhende Renten und dauernde Lasten

- Beiträge zu Kranken-, Pflege-, Unfall- und Haftpflichtversicherungen sowie Arbeitnehmeranteile zur gesetzlichen Sozialversicherung

- Beiträge zu bestimmten Versicherungen auf den Erlebens- und/oder Todesfall

> - Beiträge zu einer zusätzlichen freiwilligen Pflegeversicherung
> - gezahlte Kirchensteuer
> - Stundungs-, Aussetzungs- und Nachforderungszinsen auf nicht abziehbare Steuern

Außergewöhnliche Belastungen sind z.B.:

- Kinderbetreuungskosten,
- Aufwendungen für Hilfe im Haushalt, Heimunterbringung oder dauernde Pflege,
- Unterhaltsaufwendungen und Berufsausbildungskosten für unterhaltsberechtigte Personen.

> Weiterführende Literatur zu „Clever Steuern sparen" finden Sie auf Seite 171.

2. Richtig versichert bei unvorhergesehenen Schadensfällen

Stellen Sie sich folgendes Szenario vor: Sie haben einen zweimonatigen Krankenhausaufenthalt vor sich – aufgrund eines Betriebsunfalls. In diesen Situationen zeigt sich die Notwendigkeit eines umfassenden Versicherungsschutzes. Klären Sie bitte vorher ab, wie Ihr tatsächlicher Versicherungbedarf ist. Denn nicht jede Versicherung ist in jeder Branche gleich wichtig. Machen Sie sich aber auch Gedanken, ob Sie versichert sind, wenn Sie einen Kunden falsch beraten, ihm gar einen Schaden zufügen.

Folgende betriebliche Versicherungen sollten Sie prüfen:

- Betriebsunterbrechungsversicherung
- Maschinenversicherung

7. Check-up: Wissenswertes & Co.

- Elektronikversicherung
- Haftpflichtversicherung/Produkthaftpflichtversicherung
- Versicherung gegen Feuer-, Wasser-, Sturmschäden, Einbruch, Diebstahl, Glasschaden
- Rechtsschutzversicherung
- Berufsunfähigkeitsversicherung

Wichtig ist auch Ihre soziale und persönliche Absicherung:

- Risikolebensversicherung
- Krankenversicherung
- Unfallversicherung
- Versicherungen für die Altersvorsorge

Prüfen Sie bitte regelmäßig, ob Ihr vorhandener Versicherungsschutz ausreicht, und melden Sie betriebliche Änderungen sofort den Versicherungen.

> Weiterführende Literatur zu „Richtig vorsorgen" finden Sie auf Seite 171 f.

3. Arbeitsverträge mit Ihren Mitarbeitern: korrekt, fair, sicher

Wenn Sie MitarbeiterInnen einstellen, so ist ein schriftlicher Arbeitsvertrag empfehlenswert. Sie können auf Formularverträge zurückgreifen oder sich von Ihrem Anwalt einen individuellen Vertragstext aufsetzen lassen. Mit folgender Checkliste erhalten Sie einen ersten Überblick über wesentliche Vertragsbestandteile.

Checkliste: Arbeitsvertrag
• Parteien des Vertrags
• Tätigkeitsbereich des Arbeitnehmers
• Beginn des Arbeitsverhältnisses
• Vergütung
• Arbeitszeit
• Arbeitsort
• Urlaubsregelung
• Arbeitsverhinderung
• Kündigung
• Schriftformklausel
• Unterschriften

Weiterführende Literatur zu „Wichtige Rechtsfragen" erhalten Sie auf Seite 171.

4. Interessantes Interview mit einem Praktiker

Autorin: Sie sind Diplom-Sozialpädagoge und arbeiten als freiberuflicher gesetzlicher Betreuer. Im Gegensatz zu vielen Ihrer Kollegen aus dem Sozialbereich schlägt Ihr Herz für Kostenrechnung, Kalkulation, Steuerfragen und ähnliche Probleme, die in der Planungseuphorie gerne verdrängt werden, aber den (finanziellen) Alltag doch sehr bestimmen.

Herr Schmelz: Genau, ich habe im Laufe meiner fünfjährigen Berufstätigkeit in vielen kollegialen Gesprächen die Erfahrung gemacht, daß der eine oder andere Posten gerne „vergessen" wird, wenn man vom Traum des freien Berufes beseelt ist.

Autorin: Was meinen Sie mit „vergessen"?

7. Check-up: Wissenswertes & Co.

Herr Schmelz: Freiberufler neigen dazu, ihr Einkommen „schönzurechnen", eben Ausgaben zu vergessen und sich am relativ hohen Einkommen zu freuen, aber nicht auf die Stunden zu sehen. Auch betreiben sie keine Alterssicherung und laufen damit Gefahr, im Alter Sozialhilfeempfänger zu werden. Ein weiteres Problem ist, daß sie einmal länger krank sein könnten und dafür keine Rücklagen haben.

Autorin: In meinem Buch habe ich die Frage der Steuern und Versicherungen nur am Rande gestreift. Haben Sie für die Leserinnen und Leser einen Rat?

Herr Schmelz: Ja, einen praktischen Tip zur Mehrwertsteuer: Mehrwertsteuer wird fällig, wenn in einem Jahr 32 500 DM erzielt wurden. Daher ist es wichtig, bei höheren zu erwartenden Umsätzen auf jeden Fall Mehrwertsteuer zu verlangen, auch wenn die eigenen Stundenpreise dadurch im Vergleich zur Konkurrenz ungünstig liegen. Sonst wird der Schock ein Jahr danach ganz gewaltig werden, wenn Mehrwertsteuer an das Finanzamt zu entrichten ist, die von den Kunden nicht verlangt wurde.

Autorin: Es gilt der Spruch, daß „nicht derjenige, der viel einnimmt, reich wird, sondern derjenige, der wenig ausgibt". Was meinen Sie dazu?

Herr Schmelz: Für mich ist es immer wichtig zu klären, ob tatsächlich jede Investition notwendig ist. Braucht es also tatsächlich ein aufwendiges Büro, welche Ausstattung ist unbedingt notwendig. Nach meiner Beobachtung wird manchmal mit enormen Investitionen einfach zu viel getan, was nicht notwendig ist, aber nach „Aktion" aussieht.

Autorin: Gibt es dafür eine Erklärung?

Herr Schmelz: Über der Idee, viele Ausgaben senkten die Steuern, wird zu wenig bedacht, daß Ausgaben Geld kosten und nur zum kleinen Teil über die Steuer zurückkommen.

Autorin: Haben Sie noch einen Rat, wie mit der Abrechnungsstundenzahl umzugehen ist? Das ist ja kein spezielles Problem der Betreuer, auch Berater beispielsweise sind damit konfrontiert, Vorarbeiten als Arbeitszeit zu berechnen.

4. Interessantes Interview mit einem Praktiker

Herr Schmelz: Allerdings, man darf nicht vergessen, auch Akquisition ist Arbeitszeit, ebenso die eigene Büroorganisation, Buchführung, Steuererklärung. Diese Posten sollten in den Stundensatz eingehen.

Autorin: Apropos – Stundenlohn eines Freiberuflers ist – in Ihrem Falle eines Berufsbetreuers – auch wenn er nicht überragend ist.

Herr Schmelz: ... so darf man nicht vergessen, daß sich in den absetzbaren Kosten des Freiberuflers viele Privatkosten verstecken lassen, was der normale Arbeitnehmer nicht kann. Dazu gehören beispielsweise Telefonkosten, Blumenstrauß, Porto. Hierzu gibt es anschauliche Übersichten in der Steuerliteratur.

Autorin: Nochmals zu den Steuern. Was ist noch zu beachten?

Herr Schmelz: Da möchte ich darauf hinweisen, daß der „Steuerselbstbetrug" gerade für Neulinge recht gefährlich ist. Bis zum ersten Steuerausgleich muß die Steuer noch nicht abgeführt werden. Man war ja vom Angestelltendasein gewohnt, daß die Lohnsteuer monatlich abgezogen wird. Dagegen rechnet sich die Einkommensteuer des Freiberuflers direkt nach dem Jahreseinkommen und ist als vierteljährliche Vorauszahlung zu leisten. Wer das nicht bedenkt, kann sich im ersten Jahr vielleicht über seine schönen Einnahmen freuen und stellt am Ende des zweiten Jahres fest, daß er durch die zu gering veranschlagten Raten beträchtliche Schulden beim Finanzamt hat, zahlbar innerhalb von zwei bis vier Wochen. Und wenn dann noch die Mehrwertsteuer hinzukommt, sieht es düster aus, wenn kein Geld dafür zurückgelegt wurde.

Autorin: Ja, das war ein kleiner Rundumschlag. Welche Lehre sollte ein Existenzgründer daraus ziehen?

Herr Schmelz: Ich befürchte, daß die vermeintliche Verlockung der Freiberuflichkeit für viele bedeutet: weniger Einkommen als nach BAT IVb, keine oder eine äußerst schlechte Altersversicherung, keine Vorsorge im Krankheitsfall, Verzicht auf Urlaub und viel zu viele Stunden. Tür und Tor sind für den Workaholic geöffnet. Man arbeitet oft zu Lasten des eigenen sozialen Umfeldes und der eigenen Gesundheit. Trotzdem wünsche ich allen ein gutes Gelingen ihrer Vorhaben.

7. Check-up: Wissenswertes & Co.

Autorin: Vielen Dank für Ihre Offenheit und Ihre praktischen Anregungen. Bleibt zu hoffen, daß die Leserinnen und Leser Ihre Ratschläge beherzigen und ihren Sprung in die Selbständigkeit gut bedenken. Daß sie vor allem nicht blauäugig ihre Betriebsplanung angehen, nüchtern die Rentabilitätsrechnung betrachten und auch an den Versicherungsbedarf denken sowie ihre soziale Absicherung aktiv betreiben.

5. Was sonst noch zu tun ist

Sie haben sich zur Selbständigkeit entschlossen, haben es sich gründlich überlegt? Jetzt bleibt nur noch viel Erfolg zu wünschen!

Beispiele für notwendige Aktivitäten		
	erledigt	noch nicht
• Sich nach Möglichkeiten zur Existenzgründungsberatung erkundigen	❑	❑
• Rhetorik-Kurse belegen	❑	❑
• Kreativitäts-Workshop besuchen	❑	❑
• Selbstsicherheitstraining machen	❑	❑
• Zu einem Bewerbungstraining anmelden (schadet auch nicht für angehende Existenzgründer)	❑	❑
• Fachspezifische Fortbildung planen	❑	❑
• Buchhaltung lernen	❑	❑
• Gründungsidee präzisieren	❑	❑
• Bitte um Bankdarlehen vorbereiten	❑	❑

5. Was sonst noch zu tun ist

• Kooperationspartner etc. suchen	❏	❏
• Zu Instanzen wie IHK/Bank/ Steuerberater etc. gehen	❏	❏
• Lokalitäten suchen	❏	❏
• Für Vertretung sorgen	❏	❏
• Vernetzungspartner/strategische Allianzen suchen	❏	❏
• Erlernen von Entspannungstechniken	❏	❏
• Kommunikationsmethoden verbessern	❏	❏
• Präsentationen üben	❏	❏

- Liste nach Fristen und Prioritäten zusammenstellen und mit Vertrauten besprechen.
- Die Planung ist aufwendig und sollte rechtzeitig angegangen werden.
- Die Ergebnisse überschlafen und immer wieder überdenken, wenn das Votum nicht eindeutig ausgefallen ist.

Weiterführende Literatur zur Fortbildung „Fachbuch & CD-ROM Soziales" und „Rhetorik & Kommunikation" finden Sie auf Seite 171 bzw. 172.

Nützliche Adressen, Messen und Veranstaltungen

8

DBSH – Deutscher Berufsverband der Sozialarbeiter/Sozialarbeiterinnen, Sozialpädagogen/Sozialpädagoginnen, Heilpädagogen/Heilpädagoginnen e.V.

Friedrich-Ebert-Straße 30
45127 Essen
Tel. (02 01) 8 20 78-0
Fax (02 01) 8 20 78-40

Institut für Freie Berufe Nürnberg (IFB)
an der Friedrich-Alexander-Universität
Erlangen-Nürnberg e.V.

Marienstraße 2/IV
90402 Nürnberg

Beim Bundesverband Deutscher Unternehmensberater (BDU) e.V. erhalten Sie Tips zur Auswahl und Adressen von freiberuflichen Beratern: Friedrich-Wilhelm-Straße 2, 53113 Bonn, Tel. (02 28) 23 80 55, Fax (02 28) 23 06 25

Existenzgründungsberatung im Sozialbereich

Trautwein Training:
Talstraße 1A
79102 Freiburg
Tel. (07 61) 7 07 02 82
Fax (07 61) 7 07 02 83

Dipl.-Pädagoge Wolfgang Jost
Projekt- und Unternehmensberater

Breite Straße 3
79367 Weisweil
Tel. (0 76 46) 5 78
Fax (0 76 46) 5 68

8. Nützliche Adressen, Messen und Veranstaltungen

bürex-Projekt
Büro für Existenzgründungen
c/o Arbeitsamt Neubrandenburg
Raum C 505
Passage 2

17034 Neubrandenburg
Tel. (03 95) 4 22 56 12
     (03 95) 4 62 39 99
Fax (03 95) 4 62 29 50

Büro für Existenzgründungen (BfE)
im Arbeitsamt München

Kapuzinerstraße 26
80337 München
Tel. (0 89) 51 54 22 35
Fax (0 89) 51 54 66 47
http://www.BfE-muenchen.de
email: Info @ BfE-muenchen.de
Gründerforum im Internet
http://www.gruenderforum.net

> Das gemeinsame Call Center der bayerischen Industrie- und Handelskammern leistet ebenfalls Starthilfe über die Hotline (01 80) 55 77 660. Andere Industrie- und Handelskammern werden sicherlich einen ähnlichen Service anbieten. Erkundigen Sie sich!

Messen und Veranstaltungen

- Weiterbildungsmessen, z.B. in München, veranstaltet von der Industrie- und Handelskammer,

- Frauenmessen, z.B. Woman 99 in München oder Düsseldorf

- Gründertage der Industrie- und Handelskammern

8. Nützliche Adressen, Messen und Veranstaltungen

- Existenzgründungsseminar der Benedict Scool in Zusammenarbeit mit dem Arbeitsamt Duisburg, Ruhrkohle Berufsbildungsgesellschaft mbH, Baumstraße 31, 47198 Duisburg-Homberg, Tel. (0 20 66) 25 21 10, Fax (0 20 66) 25 21 11
- START – Die Existenzgründermesse für Deutschland. Infos bei IMP, Hermann-Glockner-Straße 5, 90763 Fürth, Tel. (0 18 05) 27 82 78
- Gründerkongreß, erstmalig 1998 in München

Lockruf der Freiheit?

Wie bei so vielem liegen auch bei der beruflichen Selbständigkeit Licht und Schatten sehr nahe beieinander, wobei den Erfolgen à la „Tellerwäscher wird Millionär" mehr Aufmerksamkeit zukommt als Pleiten, Pech und Pannen der Existenzgründung.

Wunschtraum „Selbständigkeit"

Unter Selbständigkeit wird größere Freiheit verstanden, Unabhängigkeit, Selbstbestimmung. Man träumt davon, mehr Lebenssinn durch neue selbstbestimmte Tätigkeiten zu gewinnen, davon tun und lassen zu können, was den eigenen Vorstellungen entspricht und auf eigenen Füßen zu stehen. Auch die Hoffnung auf Verbesserung der eigenen Lebensverhältnisse und der wirtschaftlichen Lage oder die Fortsetzung einer Familientradition sind als Motive für den Wunsch nach beruflicher Selbständigkeit denkbar.

Wünsche nach Existenzgründung haben besonders im Bereich der Sozialen Arbeit viel mit dem Drang nach Selbstverwirklichung zu tun, es geht meist erst in zweiter Linie um das Verlangen nach wirtschaftlichem Erfolg. Am häufigsten werden Unabhängigkeit und der Wunsch nach Verwirklichung von Lebensidealen in Form eigener Produkt-Ideen bis hin zu „Sozial-Utopien" genannt.

> Interessant ist der Weg für Frauen, die Familie und Beruf vereinbaren möchten. Angesichts der fehlenden Betreuungsmöglichkeiten ist es bei einer Festanstellung schwer, Karriere und Familienleben unter einen Hut zu bringen.

Die große Freiheit?

Die Gleichsetzung von „echter" Selbständigkeit und Unabhängigkeit mit Unternehmertum entspricht oft nicht der Realität. An die Stelle des ungeliebten Chefs oder der unverträglichen

Kollegen treten andere, die einem das Leben schwermachen: das Finanzamt, die Kreditinstitute, Versicherungsvertreter, der Verband oder die Kammer und – nicht zu vergessen – die werte Kundschaft mit ihren vielfältigen Beschwerden. Der Ärger mit Mitarbeitern und Partnern, das Drängen der Familie und Freunde, die einen geregelten Feierabend genießen wollen, können Ihnen die Grenzen Ihrer Selbständigkeit schnell aufzeigen Ganz abgesehen von den materiellen Sorgen und Nöten, zumindest in der Gründerphase und solange Ihr Unternehmen noch in den Kinderschuhen steckt.

Entschädigt werden Sie allerdings durch Erfolgserlebnisse wie Umsetzung eigener Ideen, Entscheidungsfreiheit, Selbstverwirklichung, aber auch Prestige, höheres Einkommen und die sonstigen Vorteile eines Unternehmerdaseins, auf die Sie sich gefreut hatten.

Neue Gründerzeiten

Wettbewerbe, Messen, Seminare, Zeitungsberichte, Bücherregale, Beratungsangebote etc. – alles dreht sich um JungunternehmerInnen und ExistenzgründerInnen als die dringend gesuchten „Hoffnungsträger der Nation".

Nach Untersuchungen des Deutschen Institutes für Wirtschaftsforschung (DIW) arbeitet fast jeder Zehnte in der Bundesrepublik als Selbständiger. Gemessen am Durchschnitt anderer westlicher Industrieländer rangiert die Bundesrepublik Deutschland damit aber nur im unteren Drittel.

Von 100 Existenzgründern wagen 65 Männer und 35 Frauen den Sprung in die Selbständigkeit. Drei Viertel von ihnen verfügen über zehn oder mehr Jahre Berufserfahrung, rund 40 % bringen einschlägige Branchenkenntnisse mit.

Die statistische Jungunternehmerin bzw. der statistische Jungunternehmer ist im Durchschnitt 35 Jahre alt und verfügt über ein eigenes Startkapital von 35 000 DM.

Der vielfach künstlich angeheizte Gründungsboom hat in der Insolvenzstatistik allerdings schon tiefe Spuren hinterlassen, denn mit einer zeitlichen Verzögerung folgen unweigerlich die Pleitenrekorde. Nicht wenige fallen mit einer Unternehmensgründung auf die vermeintliche „Spürnase". So macht ein mißlungener Sprung in die Selbständigkeit für viele den Gang zum Konkursrichter oder zur Schuldnerberatung notwendig!

Vielfach wird der Existenzgründer oder die -gründerin durch finanzielle Anreize verführt, den entscheidenden Schritt zu früh zu wagen. Die Aussicht auf Subventionen entlassen den Gründungswilligen nicht aus der Verpflichtung, sorgfältig zu überlegen und zu planen, ehe er den entscheidenden Sprung wagt. Sehr schnell werden die Jungunternehmer dann mit ihrer Entscheidung allein gelassen.

> Der Reiz einer Existenzgründung liegt in der Ambivalenz zwischen der Idee, sich selbst zu verwirklichen und dem Risiko der Eigenverantwortung, das man eingeht.

Existenzgründung – mehr als ein Jobwechsel

Das Modell der lebenslangen Erwerbsbiographie im Angestelltendasein ist bekanntlich zum Auslaufen bestimmt, auch eine Karriere lockt nicht mehr zwangsläufig. Bei Festanstellungen wachsen die Unsicherheiten, der Druck am Arbeitsmarkt verstärkt sich. Dies sind alles Gründe, über einen Wechsel in die berufliche Selbständigkeit nachzudenken.

Auch im Bereich der Sozialen Arbeit gibt es interessante Alternativen zum Angestelltendasein. Mitarbeiter oft wenig flexibler Non-Profit-Organisationen träumen vom „selbstbestimmten Arbeiten", um den alten Wunschtraum eines besonderen Ansatzes oder eines speziellen Vorhabens zu verwirklichen.

Wenn es nicht geht, im Angestelltenverhältnis eigene Ideen durchzusetzen und Entscheidungsfreiheit zu genießen, wird oft das Heil in einer freiberuflichen Existenz gesucht. Oft wird allzu unkritisch geplant, ohne sich dabei mit den Risiken auseinanderzusetzen.

Sozialpädagogen sind in der Regel mit wirtschaftlichen Themen weniger vertraut, dafür um so begeisterungsfähiger, wenn es um selbstbestimmtes Arbeiten geht. Die vielfach angebotenen Existenzgründungsprogramme lassen wichtige Schritte aus, nämlich die bewußte und intensive Auseinandersetzung mit dem Schritt in die Selbständigkeit. Oder der Enthusiasmus und Gründerelan reißen die Gründer so mit, daß die Notwendigkeit einer gründlichen Planung und Vorbereitung übersehen wird.

Der Wechsel in die unternehmerische Selbständigkeit ist nicht mit einem Jobwechsel zu vergleichen, wie viele oft meinen. Viele Gründer wird ein „Kulturschock" treffen, wenn sie die Geborgenheit ihrer Anstellung mit der selbständigen Betriebswirklichkeit tauschen.

> Nicht blauäugig anfangen, sondern erst die Finanzierung sichern.

Aus der Arbeitslosigkeit in die Existenzgründung?

Je stärker die Arbeitslosigkeit droht, desto mehr Menschen suchen den (Aus-)Weg in die Selbständigkeit. Dies gilt für Nochbeschäftigte genauso wie für bereits Arbeitslose. Nach einer Zeitungsmeldung vom Sommer 1998 waren im Bereich des Arbeitsamtes München „75 % vor dem Sprung in die Selbständigkeit ohne Job".

In Einzelfällen kann es die Chance des Lebens sein, wenn Arbeitslose mangels anderer Alternativen zu ihrem „Glück", dem Wechsel in die berufliche Selbständigkeit, gezwungen werden. Eine unternehmerische Selbständigkeit ist als pauschale Notlösung für persönliche Problem- und berufliche Umbruchssituationen allerdings denkbar ungeeignet.

Die allgemeine Aufbruchsstimmung der „neuen Gründerzeit" hat somit – notgedrungen – die Arbeitslosen, ob aus dem Sozialbereich oder nicht, erfaßt. Existenzgründungen werden häufig als Wunderwaffe gegen die Arbeitslosigkeit propagiert, Überbrückungsgelder vom Arbeitsamt und die Aussicht, wieder eine Perspektive zu haben, vernebeln den Blick auf die Realitäten, die die JungunternehmerInnen dann sehr schnell einholen.

Oft setzt der staatliche Aktionismus die falschen Signale, und die Adressaten der Unterstützung werden durch „Starthilfen" in ein Abenteuer gelockt, das ohne diese Anreize vielleicht vermieden worden wäre. Gerade in der Arbeitslosigkeit erliegt der eine oder die andere leicht den Verführungen durch Berater und erleichtert dadurch lediglich die Arbeitslosenstatistik.

Berufsanfänger ohne Erfahrungen, die der Not gehorchend eine Selbständigkeit anstreben, weil es beispielsweise das Arbeitsamt nahelegt, sind schlecht beraten. Nur wer sich bewußt, souverän und selbstbestimmt dafür entscheidet, hat gute Erfolgsaussichten. Wer keine andere Wahl mehr hat, sollte sich den Entschluß reiflich durch den Kopf gehen lassen.

Halten Sie sich jedoch auch den Weg zurück offen, sofern Sie noch eine „Anwartschaft" beim Arbeitsamt offen haben. Die Rahmenfrist zur Rückkehr in den Status der Arbeitslosigkeit beträgt vier Jahre, sofern Sie Ihren Anspruch auf Arbeitslosengeld noch nicht ausgeschöpft haben. Machen Sie sich aus einem Beschäftigungsverhältnis heraus selbständig, so gilt eine insgesamt fünfjährige Frist.

Handlungskompetenz um Gründungsqualifikationen erweitern

Ein Grund für das Scheitern von Jungunternehmern ist größtenteils die unprofessionelle Geschäftsführung. Wollen Sie als Ihr eigener Herr, Ihre eigene Frau tätig werden, gehört das Wissen um wirtschaftliche Zusammenhänge, besonders natürlich die Spezialkenntnisse der Unternehmensführung zu Ihrem täglich Brot – nicht nur die rein sozialpädagogische Handlungskompetenz.

Um als ExistenzgründerIn auf dem für Sie neuen Betätigungsfeld „ freier Markt" mit zahlreichen Mitbewerbern, anspruchsvollen Kunden und innovativen Produkten erfolgreich bestehen zu können, müssen Sie sich mit der „Sprache und Denke" der

Ökonomen vertraut machen. Unternehmerische Basiskenntnisse sind deshalb die Grundbedingung für Ihren Erfolg – zusätzlich zu Ihrer Fachkompetenz auf dem Bereich der Sozialen Arbeit.

Sozialpädagogen als Unternehmer, Sozialarbeiter als Freiberufler?

Dem „typischen" Angehörigen der Sozialberufe ist es nicht in die Wiege gelegt, als freier Unternehmer oder als Selbständiger tätig zu werden. Bislang hatten Sie wahrscheinlich die mögliche Aufnahme von selbständigem und freiberuflichem Handeln im Spannungsfeld zwischen Ihrem eigenen sozialen Auftrag und dem Zwang zu marktwirtschaftlichem Handeln gesehen. In der Ausbildung und im Angestelltendasein hatten Sie noch wenig Gelegenheit, Ihrem Unternehmergeist freien Lauf zu lassen. Wie die meisten Ihrer Kollegen aus dem Kreise der Sozialpädagogen und Sozialarbeiter und anderer Anbieter sozialer Leistungen haben Sie noch leichte Berührungsängste mit dem freien Unternehmertum. Es gab sogar Zeiten, in denen der Unternehmer als Klassenfeind, als geldgieriger, ausbeuterischer Kapitalist betrachtet wurde.

Und in dieses Lager wollen Sie mit Ihrem Wunsch nach selbstbestimmtem Arbeiten wechseln? Sie sind mutig und haben sich viel vorgenommen. Und gerade deshalb sollte Ihr Unternehmen nicht schon im Vorfeld aufgrund schlechter – weil unprofessioneller – Vorbereitung scheitern!

Ihre Wertvorstellungen

Eine wichtige Frage ist, nach welchen Grundwerten Sie Ihr Leben orientieren. Dadurch erhalten Sie weiteren Aufschluß über Ihre berufliche Zukunft. Was ist Ihnen wichtig, was weniger, worauf legen Sie keinen Wert? Denken Sie darüber intensiv nach. Sie merken vielleicht, daß Ihnen die Sicherheit eines Angestelltendaseins doch mehr bedeutet als Ihre Selbstverwirklichung oder das mögliche höhere Einkommen eines Selbständigen.

Vorteile und Nachteile abwägen

Bevor Sie den Sprung in eine selbständige Existenz wagen, sollten Sie gründlich die Risiken und Chancen, die Vorteile und die Nachteile der Selbständigkeit abwägen. Beachten Sie Licht- und Schattenseiten des freien Unternehmertums, und überlegen Sie sich den Wechsel in die neue Tätigkeit sehr gut.

- Ist Ihre Idee tragfähig, entspricht sie dem Trend der gesellschaftlichen Entwicklung, die gerade für soziale Dienstleistungen viel Neues bringen wird?
- Hält das Ihre Partnerschaft aus, haben Sie eine genügend große Kapitaldecke, um über die Runden zu kommen?
- Wo liegen Chancen, welche Berufsfelder sind denkbar?
- Sollten Sie nicht doch lieber in Ihrem vertrauten und sicheren Arbeitsverhältnis aushalten bzw. sich nach einem Arbeitsplatz umschauen oder doch den Sprung in die Selbständigkeit wagen?

Auch wenn viele JungunternehmerInnen glauben, ohne spezielle Vorbereitung den Start in die Existenzgründung wagen zu können, sollten Sie von dem Sprung ins kalte Wasser noch ein wenig Abstand nehmen und sich gründlich vorbereiten!

Selbständig sein heißt, wie ein Jongleur mit drei Bällen in der Luft so zu jonglieren, daß keiner auf den Boden fällt. Die Bälle sind die drei Aufgaben des Selbständigen:

- Sich selbst Arbeit besorgen.
- Sich selbst diese Arbeit organisieren.
- Selbst diese Arbeit erledigen.

Weiterführende Literaturhinweise

Existenzgründung im Sozialbereich

Adler, Reiner: Berufsbetreuer als Freier Beruf, zu beziehen über das Institut für Freie Berufe Nürnberg an der Friedrich-Alexander-Universität Erlangen-Nürnberg e.V., Marienstr. 2/IV, 90402 Nürnberg

Fachtagungsbericht Mai 1998: Existenzgründung in sozialen Berufen, zu beziehen über Informationszentrum für Existenzgründungen des Landesgewerbeamtes Baden-Württemberg, Willi-Bleicher-Straße 19, 70147 Stuttgart, Tel. (07 11) 1 23-26 74

Glahn, Gabriele/Oberlander, Dr. Willi: SozialpädagogInnen als Existenzgründer, zu beziehen über das Institut für Freie Berufe Nürnberg an der Friedrich-Alexander-Universität Erlangen-Nürnberg e.V., Marienstr. 2/IV, 90402 Nürnberg

Merk, Richard: PädagogInnen machen sich selbständig, Anregungen zur Existenzgründung, Luchterhand

Basisliteratur Existenzgründung

Benzel, Wolfgang: Organisations-Checkliste EURO-Umstellung, Walhalla

Benzel, Wolfgang/Wolz, Eduard: Organisationsplaner für Selbständige, Walhalla

Emge, Hans: Wie werde ich Unternehmer?, rororo

Fischer, Peter: „Der richtige Start in die Selbständigkeit", Heyne Business-Kompaktwissen

Haupt, G./Marten, R.: So werden Sie Ihr eigener Chef, Südwest

Herz, Peter: Geldquellen für Existenzgründer, Walhalla

Herz, Peter: Verträge für Existenzgründer, Walhalla

Herz, Peter: Selbständig mit Franchise, Walhalla

Hofmeister, Roman: Der Business-Plan, Ueberreuter

Kanarek, Lisa: 101 Tips für Existenzgründer, Heyne Business-Kompaktwissen

Kirschbaum/Naujoks: Erfolgreich in die berufliche Selbständigkeit, Haufe

Müller, J./Weiden, S.: Selbständig machen!, Rechtslage, Planung, Finanzierung, Augustus

Siewert, Horst W.: Existenzgründungstraining, Expert

Westphal, S.: Die erfolgreiche Existenzgründung, Campus

Fachbuch & CD-ROM Soziales

Crole, Barbara: Erfolgreiches Fundraising mit Direct Mail, Walhalla

Kaspers, Uwe: SOLEX – Die Datenbank zur Sozialgesetzgebung (CD-ROM), Walhalla

Kaspers, Uwe: Wa(h)re Hilfe – Das Unternehmenshandbuch für soziale Dienstleister (CD-ROM), Walhalla

Knorr, Friedhelm: Kontraktmanagement, Walhalla

Macke, Klaus: Sozialhilfe-Beratungssystem (CD-ROM), Walhalla

Scheibe-Jaeger, Angela: Finanzierungs-Handbuch für Non-Profit-Organisationen, Walhalla

Clever Steuern sparen

Hamberger, Karl/Barner, Frank: Steuersparbuch für Freiberufler und Selbständige, Walhalla

Konz, Franz: 100 Tips und Tricks für Unternehmer und Freiberufler, und alle, die es werden wollen, Knaur

Mannek, Wilfried: Wirkungsvoller Einspruch beim Finanzamt, Walhalla

Mannek, Wilfried: Reisekosten – Dienstwagen – Bewirtung, Walhalla

Mayer, Holger: Steuer-ABC für Freiberufler, Beck

Wichtige Rechtsfragen

Streibl, Florian: Recht für Arbeitgeber, Walhalla

Walter, Andreas: Arbeitsverträge, Fit for Business

Richtig vorsorgen

Röger, Bernd: Lebensversicherung nach Maß, Walhalla

Röger, Bernd: Krankenversicherung: gesetzlich oder privat?, Walhalla

Weiterführende Literaturhinweise

Röger, Bernd: Privat vorsorgen, Walhalla

Schröder, Gerhard/Schnitzler, Andreas: Was kostet das Kranksein?, Walhalla

Streibl, Florian: Leibrenten-Vertrag, Walhalla

Rhetorik & Kommunikation

Bossong, Clemens: Selbst- und Zeitmanagement, Fit for Business

Fey, Gudrun: Gelassenheit siegt!, Fit for Business

Fey, Gudrun: Kontakte knüpfen und beruflich nutzen, Fit for Business

Hauser, Renate: Soziale Kompetenz trainieren, Fit for Business

Wege zur Persönlichkeit

Enkelmann, Nikolaus B./Arndt, Roland: Power-Training, Metropolitan

Lang, Franz: Was mein Leben wertvoll macht, Metropolitan

Mann, Rudolf: Der ganzheitliche Mensch, Fit for Business

Spachtholz, Barbara: Kennen Sie Ihre Berufung?, Metropolitan

Wagner, Hardy: Der Weg zur Persönlichkeit, Metropolitan

Amtliche Broschüren

Bundesministerium für Wirtschaft (Hrsg.): Starthilfe, die entscheidenden Schritte in die berufliche Selbständigkeit (auf neueste Auflage achten)

Bundesverband der Deutschen Volksbanken und Raiffeisenbanken: Selbständig machen – selbständig bleiben, Praktische Tips für Ratsuchende

Industrie- und Handelskammer (Hrsg.): Planungshilfen Existenzgründung (mehrere Bände, nach Branchen getrennt)

IBZ-Schriftenreihe des Arbeitsamtes: Die Broschüren „Mittelpunkt Mensch" und „Zielbewußt" sind speziell für die Zielgruppe Soziale Arbeit; „Existenzgründung" ist soeben erschienen. Beim jeweils zuständigen Arbeitsamt erhältlich.

Seminare mit Angela Scheibe-Jaeger

Die Autorin hält regelmäßig Vorträge und offene Seminare, auf Wunsch auch Inhouse-Seminare mit Workshops zu folgenden Themen:

- Sozio-Ökonomie und Wirtschaftspolitik in der Sozialen Arbeit
- Social-Marketing: Faktoren für erfolgreiches Marketing im Sozialbereich
- Fundraising: alternative Mittelbeschaffung für Non-Profit-Organisationen (auch als Beratung und Begleitung)
- Existenzgründung und Existenzsicherung in der Sozialen Arbeit

Wenn Sie an weiteren Informationen zu diesem Seminarangebot interessiert sind, so wenden Sie sich bitte an:

Angela Scheibe-Jaeger
Schrämelstraße 39
81247 München
Tel. + Fax: 0 89/8 34 93 47

Stichwortverzeichnis

Akzeptanz- und Imageprobleme 60
Alleinstellungsmerkmal 68, 110
Arbeitsverträge 152
Aufzeichnungspflicht 130
Ausländerintegration 12
Authentizität 46

Banken 89
Beratungsmöglichkeiten 91
– Existenzgründungsberatung 55, 94
– Existenzsicherungsberatung 94
Beschwerdemanagement 126
Betriebsübernahme 141
Beziehungsmarketing 125
BGB-Gesellschaft 136
Bilanzierung 130
Buchführung 84
Buchführungspflicht 130
Bürgschaften 91
Business-Plan 103

Controlling 126

Darlehen 91
Durchsetzungsvermögen 25

Eigenkapital 88
Eignungs-Check 38
Einkommensteuer 84, 140
Einnahme-Überschuß-Rechnung 84, 85
Einzelunternehmung 135
Empathie 46
Engagement 24, 55

Entscheidungsfreude 24
Erfahrungs-Profil 52
Erfolgsbilanz 51
Erfolgsdreieck 52
Erfolgsfaktoren 54
Erfolgsrechnung 81
Evaluation 126
Existenzgründungsberatung 55, 94
Existenzgründungsprogramme 61
Existenzminimum 87
Existenzsicherungsberatung 94

Fachkenntnisse 25
Fachkompetenz 25, 50, 55
Fachwissen 55
Fehler von Existenzgründern 52
Finanzierung, gesicherte 54
Finanzierungshilfen 95
Finanzierungsmängel 52
Finanzierungsplanung 81, 87
Fördergrenze 61
Fördermittel 61, 91
Förderprogramme 95, 97
Franchising 146
Frauenprojekte 12
Freie Berufe 129
Fremdeinschätzung 32, 37
Fremdkapital 89
Führungsqualitäten 52

Gehaltsempfängermentalität 62
Genossenschaften 138
Geschäftsideen 75

Gesellschaft mit beschränkter Haftung 137
Gesundheit 23
Gewerbebetrieb 128
Gewerbesteuerfreiheit 130
Gewinnermittlung 86
Gründerkultur 60
Gründungsideen 64, 75
– Kurzpräsentation 67
Gründungskonzept 54

„Harte" Faktoren 26
„Härte"-Test 40

Informationsmanagement 25, 92
Investitionen 80
Investitionsbedarf 83
Investitionsplanung 81

Kapital
– Eigenkapital 88
– Fremdkapital 89
– Startkapital 54
Kapitalbedarf 61, 82
Know-how-Profil 37, 52
Kommunikationsfreude 24
Kommunikationspolitik 120
Kompromißfähigkeit 25
Konkurrenzanalyse 114
Kontraktmanagement 65, 66
Kooperation 140
Kooperationspartner 145
Kosten 80, 84
Kostenplanung 81
Kreditgespräch 90
Kreditvergabe 89
Kundenbindung 125
Kundennutzen 108
Kundenorientierung 109

Lebenslauf 49
Leistungsorientierung 24
Logo 121

Marketing 108
Marketing-Mix 117
Marketing-Strategie 111
Marktchancen 11
Marktforschung 111
Marktlücke 65
Markttransparenz 60
Migrationssozialarbeit 12
Mindesteinkommen 87
Monitoring 66
Motivation 62

Networking 123
Neugründung 141

Organisationsformen 128
Organisationstalent 25
Outsourcing 66

Partnerschaftsgesellschaft 136
Partnerschaften 141
Persönlichkeitsmanagement 45
Persönlichkeitsprofil 21
Positionierung 69, 110
Preisgestaltung 119
Preispolitik 118
Presse- und Öffentlichkeitsarbeit 122
Primärforschung 113
Produktpolitik 117
Profil 69
Profilbildung 110
Public Relations 120

Qualifikations-Profil 50

Rechtsformen 134
Rentabilitätsberechnung 81
Risikobereitschaft 24

Scheinselbständigkeit 132
Sekundärforschung 113
Selbstdarstellung 48
Selbsteinschätzung 32
Selbsthilfegruppen 12
Selbstpräsentation 62
Selbstreflexion 26
Signet 121
Slogan 121
Sonderausgaben 150
Soziale Kompetenz 24
Sozialmanagement 12
Standortanalyse 115
Stärken-Schwächen-Analyse 27
Startkapital 54
Steuern 150
Streßmanagement 24

Teilhaberschaft 141
Telefonmarketing 125

Umsatzsteuer 139
Unternehmer-Verhalten 45
Unternehmergeist 23

Unternehmerkonzept 100
– erstellen 104
– Inhalte 105
Unternehmerkultur 60
Unternehmerlohn, kalkulatorischer 87

Verbandsunterstützung 61
Verdienstmöglichkeiten 13
Verein 138
Verkaufsförderung 124
Versicherungen
– betriebliche 151
– soziale 152
Versicherungspflicht bei Künstlersozialkasse 130
Vertriebspolitik 119
Visionen 109
Vollexistenz 61
Voraussetzungen, persönliche 23

„Weiche" Faktoren 23
Werbung 122

Zielerreichung 110
Zielgruppen 10, 111
Zielgruppenforschung 112